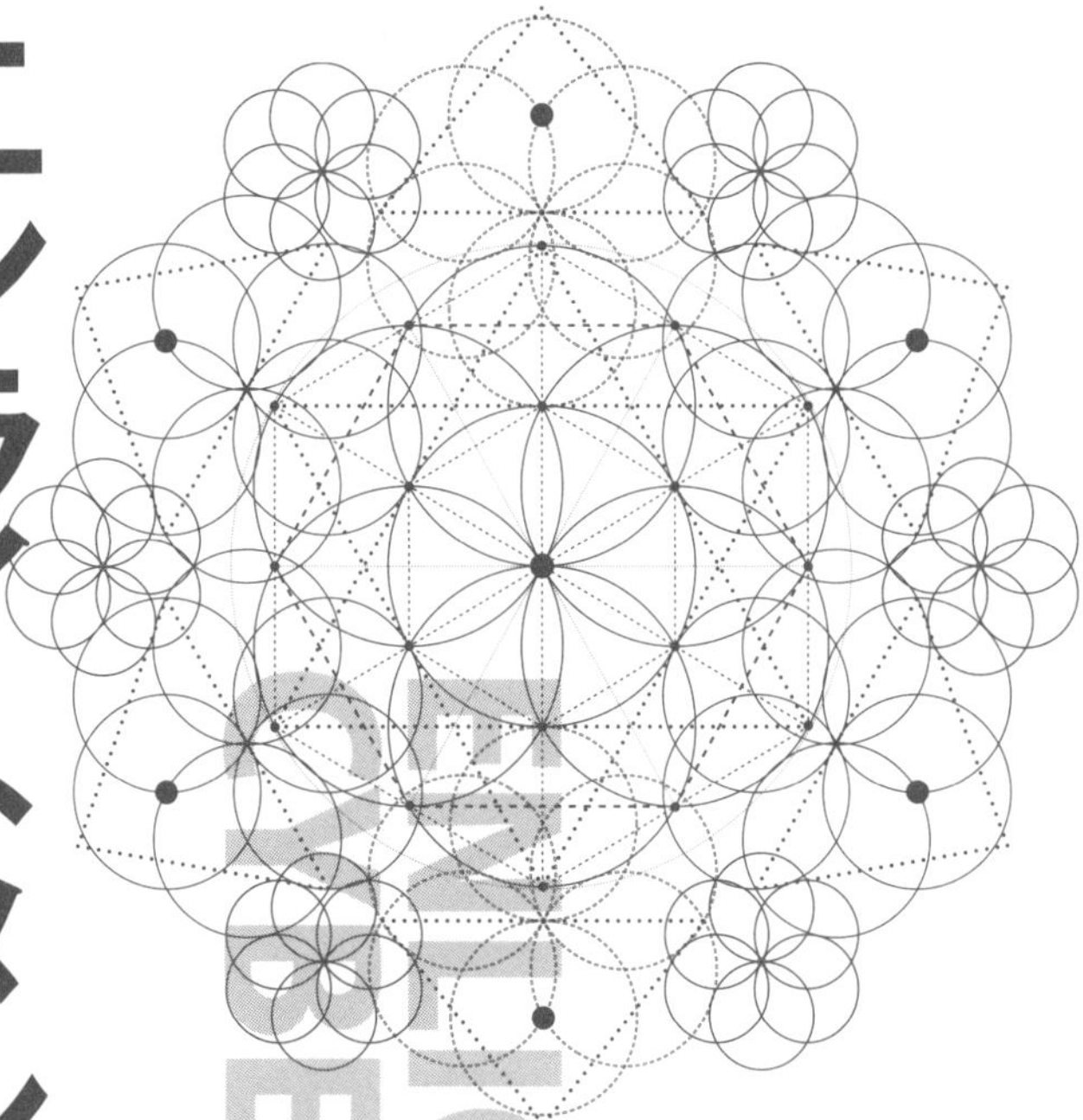

エンライトメント・サイバネティクス

ENLIGHTENMENT CYBERNETICS

いきなりゴール！
超強運へのパラレルJUMP

光一 著
Kouichi

ヒカルランド

世界は、全て今ここにあって、
多元的です。
意識が介入することで
実験結果が変わるということが、
量子物理学で証明されています。
見ているものが見られるものをつくっている。
これが量子力学の視点ですが、
それが人生で起こってきているからおもしろい。
今は時空間の因果律が緩くなっているから、
すごいチャンスです。

人はゴールが先にあると思って努力していくのですが、
本当はそうじゃないのです。
先にエネルギーレベルでゴールをつくって、
自動的にそういうプロセスが起こってくる方が早いです。

それはその人の人生に、運命のジャンプ、
いわゆる量子場《クオンタム》ジャンプが起こるからです。

時間の幻想を飛び越えて本質を知り、
そこを動かしていく。

本書でご提案させていただく私の考え方
「エンライトメント・サイバネティクス」とは
自分と世界の関係を再構築していく最強のツールです。

エンライトメント（悟り・光明・覚醒）を
既に達成しているという状態をつくればつくるほど、
人生がエンライトメントを体験していく旅に変わっていきます。
「自分の人生はすばらしいな」
ということに気づいていく旅になっていきます。

決めて整えば、必ずあらわれてきます。
選ぶのはあなたです。
一人ひとりの意識の使い方にかかっています。

私たちは命をいただいているわけです。
命は私たちを生かしてくれている純粋なエネルギーです。
純粋な命は祝福です。

私たちは祝福された命をどう使うのか、
自由に決めることができる存在です。

本書の最後で、未発表の光一テクニックを公開します。
そのテクニックは、
エネルギー体全てのレベルでネガティブをクリアリングし、
さらに詳細にエネルギー体のバランスをとっていく
奥義といってもいいテクニックです。

光の源・内なる神聖に目覚めていく旅を生きると決めたあなたを
強力にサポートするツールです。
ぜひご活用ください！

カバーデザイン　重原　隆
マンガ　神楽坂スピ子
イラスト　emma
校正　トップキャット
編集協力　宮田速記
本文仮名書体　文麗仮名（キャップス）

目次

Part 1

自分のなりたい人生を「自動操縦」する技術を教えます

Part 2

エンライトメントを達成していく旅をはじめよう

コロナ パラレル 新時代　光一×ヒカルランド社長 石井健資

Part 3

エンライトメント・サイバネティクス技術の奥義を教えます

Part 4

エンライトメント・サイバネティクスはテクニックを使うPOP ZEN！

Part 5
実践！　多次元調整21

Part 1

自分のなりたい人生を「自動操縦」する技術を教えます

未曾有の大変革期の中で、我々はどう生きていけばいいのか

　占星術などのさまざまな占いにおいても2020年前後は何千年に一度の大変革期だと予言されていますが、今、未曾有の大変革期に遭遇して、先が見えない中で、人々はどう生きていけばいいのか迷っていると思うのです。

　情報過多の時代で、どこによりどころを求めればいいのか。

　先が見えない、予測がつかない時代において、それは宗教なのか、メディアなのか、SNSの情報なのか、探っている状態だと思います。

　今こそ、ブレない生き方を確立していくことが重要です。

　広い意味でのスピリチュアル（霊性）を実用的に活用して生きていく。

　世界を体験しているのは自分自身なので、自分自身を統合していくことで、世界の統合に貢献していく。

　私たちはこの世界に生きているように思っているけれども、本当はあなたがこの世

人は世界に翻弄される存在ではなくて、世界に貢献していける存在なのです。

界に生きていることで世界は認識されているのです。

ですから、人は世界に翻弄される存在ではなくて、世界に貢献していける存在なのです。

エンライトメント・サイバネティクスとは

エンライトメントというのは、光明とか覚醒というふうに訳されているのですが、私はこの本で「自分自身の覚醒、悟り、光明をよりどころにして生きていきましょう」という提案をしたいのです。

サイバネティクスというのは、自動操舵の技術です。

ですから、光明をよりどころにして、それをゴール設定することで、人生自体が光明をあらわしていくための旅路になるという考え方です。

エンライトメントを羅針盤としていくということです。

エンライトメントをゴール設定することで、自動的に人生はそう動いていく。

サイバネティクスというのは、自動操舵の技術です。

光明をよりどころにして、それをゴール設定することで、人生自体が光明をあらわしていくための旅路になるという考え方です。

エンライトメントを生きているんだ、エンライトメントと言うゴールはすでに達成されているんだというエネルギー状態から人生を活用していくということです。

では、技術的にどうやるのか。

自分自身の潜在意識をテクニックを使って整えていくという提案です。

私は自分自身で自分の潜在意識を簡単に整えるテクニックを11個つくっていて、そのうちの6個は、身近に、数分でできるテクニックです。

そのテクニックを使って自分自身の潜在意識を整え、自分自身の全体像を整え、そしてエンライトメントのゴールを実現していく。

自分自身の潜在意識を整えるテクニック

星に帰りたい人々

今の時代は、自分のふるさとはプレアデスだ、オリオンだということで、星に帰りたいという人がふえています。

一方で、スターシードという言葉も脚光を浴びています。

それはそれですばらしいことだと思いますが、今いるのは地球なので、地球を受け入れないで星に帰ろうという考え方はちょっと違うのではないか。

今、この地球にいることを受け入れて、また星に帰っていく方が宇宙的なバランスがとれているのではないでしょうか。

今、この地球にいることを受け入れて、また星に帰っていく方が宇宙的なバランスがとれているのではないでしょうか。

多くの情報に接する

星に帰りたい、地球はイヤだと考える前提として、情報操作に遭っている可能性があると思います。

いろんな情報がたくさん入るときに、偏った一部の情報だけ受け入れてしまって、情報の全体像を見ていない。

ですから、今、地球がどういう状態で、自分は誰なのか、なぜ地球にいるのかということをしっかり受け入れて、いろいろな情報をとっていく、いろいろな情報に接していく。

恐れることもなく、期待することもなく、ただ情報は情報として接して取り込んでいく。

この考え方は今後ますます重要になってくるでしょう。

選ぶ力を思い出す

私がみなさんにお伝えしたいのは、人々は誰もが選ぶ力を持っているということです。

どんな状況にあろうと、情報の洪水の中にいようと、選ぶことができるわけです。その情報を選ぶか、違った情報を選ぶか、自分で選ぶ力があることを思い出してほしいのです。

人は、世界に巻き込まれる存在ではないし、情報に巻き込まれる存在ではない。人は、情報なり世界を選ぶことができるのです。

意識がなければ存在は認識できないわけですから、意識があるというのはとても貴重なことです。

誰もが気づける力を持っている。気づけたら、改めて選び直すこともできます。

今ここで何を選んでいくか。

人は、世界に巻き込まれる存在ではないし、情報に巻き込まれる存在ではない。
人は、情報なり世界を選ぶことができるのです。

選ぶことが、その人の人生をつくっていくわけです。

体験しているのは誰か

何かを選んで、そこで何かを体験していく。

体験するから認識する。

認識していることがネガティブであれば、なぜそういう経験をしているのかを考慮して自分の世界を整えていけばいいのです。

もちろん悪いことばかりではないので、いいことがあったら、それをどうして経験しているのかというところへ放り込んでいくと、自分の持っているエネルギーパターンのよさに気づくことができます。

そうやってどんどん自動操縦して、エンライトメントに向かっていくということです。

先にエネルギー状態でエンライトメントが実現していれば、自身の光を見失った状態はこの世界にあらわれる幻影なのです。

ですから、不安だったり意識が揺れているときは、実は自分のよりどころ、ブレない生き方をきっちりつくっていくすごいチャンスなのです。

今の未曾有の変化の時代は、自分自身を確立していくためにはとてもいい時代です。ブレない生き方というのは、「安心立命」、心を安定させ、命がしっかりと立っていくことにつながってきます。

受け入れることは変容を促進する

ところが、イヤなことは受け入れないと言っていると、そのエネルギーから出られません。

執着は握りしめですから、エネルギーを回りにくくするので、そこに巻き込まれてしまいます。

でも、ネガティブなことを体験しているのは自分なんだなと受け入れると、ネガテイブなエネルギーを分離して、俯瞰的に見ることができます。

俯瞰《ふかん》的に見ることができると、それをコントロールすることができます。

だから、受け入れることが変容を促進するのです。

宇宙はあなたをいじめない

「前提」という考え方が1つあります。

結果があって、人は自分はこういう人生なんだなと思い込む傾向がありますけれども、実は逆で、自分はこういう人生を生きているんだなと、理由なく先に決めることが、決めた通りの世界を体験することにつながっていくのです。

ですから、「宇宙は自分をいじめないんだ、宇宙は常に自分を助けてくれるんだ」という前提を決めていくことがすごく重要になってきます。

人は、本当はこの世界を経験することが結果なのに、それを原因と思い込んでしまう癖があるのです。

私の提案は、宇宙は常に自分を助けてくれているという前提をつくりましょうということです。

意識の働き方として、何でそういうことが起こるのかと、人は理由探しをするのです。

理由探しは要りません。

前提を先につくって、自分を整えていくと、その理由があらわれてくるのです。

理由があって、こういうものだというのではなくて、前提をつくって整えると、その理由があらわれてくる。

そういう順番なのです。

でも、その順番に私たちは慣れてなくて、結果によって自分の人生をはかるように思わされているのです。

理由があってこうだと思うように思わされている。

でも、それが真実かどうかはわからないじゃないですか。

意識の働き方として、何でそういうことが起こるのかと、人は理由探しをするのです。
理由探しは要りません。
前提を先につくって、自分を整えていくと、その理由があらわれてくるのです。
そういう順番なのです。

あなたをいじめているのは何か

宇宙は、あなたをいじめることはないです。

では、いじめているのは何なのか。

誤った思い込みです。

過去世だったり、ご先祖様とか親からの、「生きていくのはつらいよ」とか、「楽しいことばかりじゃないよ」とか、「人生はうまくいかないよ」とか、「世界は安全じゃないよ」とか、そういう見えない思い込み、自分では気づかない思い込みが潜在意識にたくさん入っているのです。

純粋な命のエネルギーが立ち上がってきたとき、そのフィルターを通して私たちは世界を認識しているのです。

世界をそういうふうに認識しているということは、そういうエネルギーパターンが自分の潜在意識に入っているということです。

宇宙は、あなたをいじめることは
ないです。
では、いじめているのは何なのか。
誤った思い込みです。

それに気づいたら、それを整えていく。

整えることができれば、体験する世界が変わります。

生き方を決めるのは自分自身

いじめられているように感じるのは、自分の潜在意識の中に入っているエネルギーパターンあるいは思い込みのフィルターを通して認識した結果なのです。

そういうフィルターを通して体験して、「やっぱりそうだ」と、その思い込みを強化していくのが大抵の人のやっていることです。

その体験に巻き込まれるのではなくて、自分の中にそういうフィルターがあるからそういう体験をするんだなと気づいて、そのエネルギーパターンを変更すれば、体験する世界は変わります。

誤った信念とか見えないエネルギーパターンを変えていくのが、自分自身の潜在意識を自分で整えるテクニックです。

そうすると、外に頼ることなく、自分自身に頼って、自分自身の潜在意識を変えることが可能になります。

純粋なエネルギーは自分の中にあるわけですから、自分自身の潜在意識の中のエネルギーパターンを整えていくことで、体験する世界は変わっていくということです。

エンライトメントを目標として人生を操舵する

エンライトメントは覚醒とか光明と訳されますが、自分の奥底にある純粋なエネルギーと言ってもいいと思います。

それが命の源ですから、純粋なエネルギーパターンを指針として生きれば、純粋な生き方ができるし、自分で自分の人生をコントロールすることができます。

外に依存したり、外に頼るのではなくて、自分自身の中によりどころを持った方が、自分の人生のコントロール力が増すということです。

エンライトメントを目標として人生を操舵するのが今回私がご提案する「エンライ

エンライトメントは覚醒とか光明と訳されますが、自分の奥底にある純粋なエネルギーと言ってもいいと思います。

それが命の源です。

トメント・サイバネティクス」という考え方です。

目標は、既に今ここにあるのです。

ですから、今ここでエンライトメントが実現しているというエネルギー状態をつくることで、それがこの世界にあらわれてきます。

よりどころにするということは、すでにそれが実現しているというエネルギーを自分の中に深く深く持っていく、強く強く練り込んでいくことです。そうすると、それがあらわれて、また強化されていきます。

そして、この肉体を脱ぎ捨てるときに、エンライトメントのエネルギーがこの地球に広がっていくことになると思います。

全ては、今ここにある

時間は、ある面、幻想で、全ては今ここにあります。

時間という物差しを使いながら私たちは体験しているのです。

目標は、既に今ここにあるのです。ですから、今ここでエンライトメントが実現しているというエネルギー状態をつくることで、それがこの世界にあらわれてきます。

時間があるから、私たちはグループ意識を通して共同幻想と言われることを経験することができるのです。

ただ、深いレベルに行くと時間はありません。

深い瞑想経験等をすると、時間という概念が消え失せます。全て今ここにあるということです。

宇宙の全記憶を知っていると言われるアカシックレコードは、今ここにあるのです。

アカシックレコードの情報は、今ここでとっています。

歴史上のあの瞬間にこういう出来事があったということも、今ここで認識するわけです。

だから、全ては今ここにあるのです。

あなたは誰なのか

自分自身は何者なのか、深く深く見ていくと、理論的には純粋なエネルギーに行き深いレベルに行くと時間はありません。

深い瞑想経験等をすると、時間という概念が消え失せます。全て今ここにあるということです。

着くしかないのです。

自分は光一だ。

光一だと言っているのは誰なのか。

ここにいるおっさんだ。

おっさんはおっさんと認めて何かを言っている。

それを言っているのは誰なんだ。

シリウスにいたことがある存在だ。

シリウスにいたことがある存在だと言っているのは誰なんだ。

どんどん探っていったとき、全く意味づけがされていないところに行き着くと思うのです。

それが純粋なエネルギーです。

逆に言うと、アカシックレコードもその1つだと思うのですが、純粋なエネルギーからいろいろ深い意味づけがされて、私たちはこの世界を認識するというところに行くのです。

ですから、今、この瞬間、あなたに全てがあるということになります。

自分自身は何者なのか、深く深く見ていくと、理論的には純粋なエネルギーに行き着くしかないのです。

ゴールは既に達成している

時間は幻想です。

時間の先にゴールがあるというのも幻想で、ゴールは今ここで既に達成しているという見方の方が、時間を味方にすることができます。

今既に達成しているというエネルギーがあれば、時間は幻想なのですから、これから現実の方がそこに動いていく。もしくは瞬時に切りかわることもあります。

あるいは、もしかしたら過去の出来事に関して誤った認識を持っていたら、それさえ変えることができるわけです。

私は、お酒に酔って転んで、初めは骨折、次は捻挫、次は顔のずるむけと、どんどん軽くなっているのです。パラレっている。

お酒に酔うと転んでけがをするというエネルギーパターンが私にはあると思うのですが、現実に起こることがどんどん軽くなっているわけです。

時間は幻想です。

時間の先にゴールがあるというのも幻想で、ゴールは今ここで既に達成しているという見方の方が、時間を味方にすることができます。

これが上昇していくということです。

ポジティブが強くなるとネガティブも強くなるのではなくて、逆に反転してネガティブな体験の方が少なくなってくる。

最近は、お酒を飲んで酔っ払って尻もちをついたのが6カ月以上前で、しかも痛みはほとんど残らないです。

今は、酔っ払って転ぶこともけがすることもありません。

このパターンはもう終わったなと思ったら、飲んでないのに転んだのですが、痛みは1週間もしないうちに消えました。

そうやって変わっていくのだと思います。

酔っ払って転ぶことだって、自分を整えていくと、どんどん消えていくのです。

でも、そこにこだわっていると、またけがをしてしまう。

初めは右手を骨折したけれども、今度は左手を骨折してしまって、これは私のカルマだと思うと、とらわれてしまうので、どんどんそっちへ行ってしまうわけです。

これでネガティブなエネルギーは終わったな、これはどういうエネルギーが引き起こしたのかなと、自分の中に入って変えることで、変わるのです。

ゴールは既に自分の中で達成していることをつくることで、そのゴールに行くプロセスが自動的にあらわれてくるのです。

ゴールは既に自分の中で達成しているということをつくることで、そのゴールに行くプロセスが自動的にあらわれてくるということです。

人はゴールが先にあると思って努力していくのですが、本当はそうじゃないのです。ゴールをつくって、自動的にそういうプロセスが起こってくる方が早いです。

例えば、１００年後にそのゴールを達成するということが、今ここでゴールを達成している状態をつくると、３年で達成してしまうということが起こります。

それはその人の人生が並行宇宙にパラレッタのです。ジャンプした。

いわゆる量子場のジャンプ、クォンタムジャンプです。

運命のジャンプと言ってもいい。それが起こるのです。

時間の幻想を飛び越えて本質を知り、そこを動かしていくということです。

Part 2

エンライトメントを達成していく旅をはじめよう

人生はエンライトメントを達成していく旅だ

エンライトメント（悟り・光明・覚醒）は既に達成しているという状態をつくればつくるほど、人生がエンライトメントを体験していく旅に変わっていきます。

自分の人生は本当にすばらしかったなということに気づいていく旅になっていきます。

一方ではこういう言い方もされます。

人はゼロから生まれ、ゼロに戻る。

輪廻転生しない世界からこの世界にあらわれ、生まれ変わりを体験しつつ、また戻っていく。

輪廻転生を超えるんだという話もあります。

効率的に人生を成長させながら進んでいけばいいのではないかと思うのです。

エンライトメントを先に達成しておけば、そこに行きます。

でも、もしエンライトメントの逆、
暗黒（ダークネス）をゴールにして
いたら、そういう旅路になります。

でも、もしエンライトメントの逆、暗黒（ダークネス）をゴールにしていたら、そういう旅路になります。

時間は幻想ですが、もしかしたら光と闇の宇宙戦争の中で5000万年も闇の中でうごめき合う存在として生きていくかもしれません。

それを選んでもいいと思うのですが、エンライトメントを実現する旅を選んだ方がよろしいのではないかと私は思います。

世界の構造

世界は、全て今ここにあって、多元的です。

無数の並行宇宙があるというのが私の考え方です。

無数の多元宇宙がある。

映画の「ターミネーター」とか「マトリックス」のような世界も、漫画の「ドラえもん」とか「天才バカボン」のような世界もあります。

世界は、全て今ここにあって、多元的です。
無数の並行宇宙があるというのが私の考え方です。
無数の多元宇宙がある。

人が認識している世界は全て、どこかに必ず存在しているのです。
意識されるものは世界に存在し、世界に存在するものは意識されます。
ですから、無数の多元宇宙があるということです。
自分自身の人生でも、少しずつずれながら並行宇宙というのがあります。
最近は、並行宇宙にジャンプしたという現象が起こっています。
時空間の因果律を飛び越えたという説明しかできない事象がいっぱい出てきています。
例えば、今まで会っていた人といきなり会わなくなった。
いきなり違う世界があらわれた。

〔事例 1〕

私のワークショップに参加したある地方在住の方が体験した事例です。
親御さんを介護施設に入れたいと思って探したけれども、その地域の施設は全部いっぱいで、一番入れたいと思っていた施設は100人待ちだといわれた。その後、ワークショップで習ったテクニックを行っていたところ、1~2週間のうちに、入所で

最近は、並行宇宙にジャンプした
という現象が起こっています。
時空間の因果律を飛び越えたとい
う説明しかできない事象がいっぱ
い出てきています。

きるので手続に来てくださいと、その施設から電話があった。

これは時空間の因果律では説明できないです。

待っていた100人はどこに行ったのか。

ジャンプしたとしか思えない。

【事例 2】

パワハラで部下から訴えられ、上司からもいろいろ言われて板挟みになって、大変な状態の人がセッションにいらっしゃいました。

初めはものすごくつらそうに話していたのですが、セッションのあとで「もう一度同じ話をしてください」と言ったら、ニコニコ笑いながらうれしそうに話すのです。

これはエネルギーが変わったということです。

そしたら何が起こったか。彼がその会社をやめたらすぐに、登録もしてないヘッドハンティングの会社から連絡が来て、「この会社、あなたにいいと思うので行ってください」と言われて訪ねたら、すぐ採用が決まって、給料も役職も前の会社より上、世界が全く変わってしまったのです。

普通は会社をやめたら職安に行ったり再就職活動をしなければいけないのに、何もする必要がなかった。

これはパラレッタとしか思えないのです。

以前はそういうことはなかなか起こり得なかったけれども、今は結構起こってくると思うのです。

〔事例　3〕

私の知り合いに、天気予報が雨でも自分が取材に行くと100%晴れると言う人がいます。しかも、ロケをしている時間と場所だけ晴れると言うのです。

その人に「一緒にロケに行った人も目撃しているんですが、これは自分の世界のあらわれですか」と聞かれたので、私は「そうですよ。周りの人も見ていると体験しているのは誰ですか。それはあなたですね。だから、全てあなたの世界でしょう」と答えました。

晴れている世界にパラレッタのです。

普通はそういうことは起こり得ないので、ジャンプしたとしか思えない。世界の多元宇宙の壁が緩くなっているので、今、そういうことが起こり得るのです。

世界の構造は、全て、今、ここにあるということです。

過去も未来も全部ある。

ご先祖様も子孫も、実は全部今ここにエネルギーとしてある。

そこをちょっと変えていくと、人生がパラレって、並行宇宙にジャンプするのです。

今はそういう時間の因果律が緩い時代になっている。

ということは、今は、自分が何を選んで、自分の潜在意識をどう整えるかによって、体験する世界がすごく変わってくる時代だということです。

意識が介入することで実験結果が変わるということが、量子物理学で証明されています。

あなたが見ていなければ月は存在しないのです。

見ているものが見られるものをつくっている。

見られるものは見るものがいるからつくられているのです。

これが量子力学の視点ですが、それが人生で起こってきているからおもしろい。

今までは次元とか時間の壁があまりにも強固で何も起こらない世界をつくってしまっていたけれども、それが緩くなっているのだと思います。

1人ひとりの意識が変われば、地球は絶望の星から光明の星に変わる

マヤ暦では世界の終焉は2012年と言われていました。

それを示す1つの仮説としてスパイラル理論というのがあったのです。

例えば、有線電話が発明されてから100年ほどはその形態で使っていたけれども、大きな携帯電話ができてから今のスマホになるまでは30年足らずです。

これがスパイラル理論で、要するに時代が加速している。

加速がまだついているとすれば、あるいは、これからどんどん広がっていくとすれば、今は変化を起こしやすい時期、結果を出しやすい時期なのです。

大チャンスです。

そして、今度は安定化するサイクルに入っていく。これが広がりながら上昇してい

今の時代に、自分自身がパラレって、エンライトメントを生きる世界をつくってしまえば、それが安定化してきて、地球はまさに光明の星になっていきます。

くというのが私の考えです。

今の時代に、自分自身がパラレって、エンライトメントを生きる世界をつくってしまえば、それが安定化してきて、地球はまさに光明の星になっていきます。

絶望の星から光明の星に変わる。

それは一人ひとりの意識の使い方にかかっています。

自分軸を生きるとは？

多元的な宇宙ですが、世界の中心は自分なので、自分自身を生きることが大切です。

それが自分軸です。

人は誰もが自分を生きていると言うけれども、他人軸を生きていることが多い。

例えば情報に巻き込まれたら、それはメディアが言った考え方を生きていることになるので、自分軸ではなくてメディア軸を生きているわけです。

あるいは、ＳＮＳの情報で人生はそんなものだと言っている人は、ＳＮＳの情報軸を生きていることになります。

自分軸を生きるというのは、自分の人生はこういう軸で生きると選んで生きること なのです。

選ばずに、例えば〇〇都市伝説ふうの人がこう言ったから、私はあと10年後にチップを入れられてコントロールされてサイボーグのように生きるんだという人生を選ぶということもあり得るわけです。

そうなると、その人はサイボーグの軸を生きることになる。

自分の軸を生きてないわけです。

ただ、自分自身の軸を生きることは大切ですが、自分軸を生きているのか、自分勝手を生きているのかという違いがあるのです。

自分の本質はエンライトメント（光明）で、光明を生きるのだったら、周りがイヤな顔をしたり、周りに迷惑をかけたりすることはないはずです。

だって、世界は自分なのですから。

本当の自分軸を生きるというのはエンライトメント（光明）を生きることですから、周りに迷惑をかけるわけがないのです。

人は誰もが自分を生きているというけれども、他人軸を生きていることが多い。

例えば情報に巻き込まれたら、それはメディアが言った考え方を生きていることになるので、自分軸ではなくてメディア軸を生きているわけです。

でも、私は自分軸を生きていますと言っていて、周りの人が明らかにイヤな顔をしている場合があります。

それは自分勝手です。

私はダンスがうまいから、今日は山手線の中で私のダンスを披露してあげる、これが私の自分軸ですとやったら、半分はイヤな顔をするかもしれない。

自分は世界なのだから、世界がイヤな顔をしていたら、あなたは本当の自分を生きてないいんじゃないのと、世界が教えてくれていると思うのです。

だから、自分軸を生きるというのは、世界がどれだけ自分にとって整って見えるかなのです。

コロナがいい例ですけれども、自分自身を生きていると、コロナでさえも、その人にとってはそんなに悪い状況に映らなくなってくるのです。

【事例　4】

この間、こういう例がありました。

個人セッションにいらっしゃった方が、6つぐらいの願い事を持ってきたのです。

コロナがいい例ですけれども、自分自身を生きていると、コロナでさえも、その人にとってはそんなに悪い状況に映らなくなってくるのです。

2月に初めていらっしゃったのですが、6月に来たときに、6つのうち4つ実現したというご報告をいただきました。

でも、どうしてそれが実現したか、その背景は人には言えないと言うのです。

なぜかというと、コロナのおかげだからです。

その人にとっては、コロナが起こったことで自分の人生がよりよくなってしまったのです。

普通の人は巻き込まれているから、コロナで悪くなってしまった人はいっぱいいます。

だから、彼は、「コロナのおかげで願いが4つかなったとはとても言えません」と言うわけです。

世界は自分なのですから、自分軸がどんどん実現して、いい人生があらわれてきて、結果的に背景はコロナが起こったからだというふうになっただけで、別に願いを実現するために彼がコロナを起こしたわけじゃないのです。

世界は、そうなっているのです。

世界に巻き込まれているようだけれども、本当は自分から巻き込まれるように入ってしまっている。

世界に巻き込まれているようだけれども、本当は自分から巻き込まれるように入ってしまっている。巻き込まれないで、それを超えていけばいいのです。

巻き込まれないで、それを超えていけばいいのです。

認識しているのは自分なのですから。そうやっていくとパラレっていけます。

本当の自分を生きるとき世界はどうなるのか？

本当の自分は、いわゆる神様、光明、純粋な光なのだから、本当の自分を生きたら、光り輝く世界になっていく。

それを見ていれば、自分は整ってきているんだなというフィードバックになるのです。

でも、ひどい世界だな、地球は囚人の星だな、早く帰りたいなと思っているなら、それは誰が感じているのかということです。

そういう人は巻き込まれているのです。

自分の中に世界はひどいものだという認識があるから、それを体験しているのではないかと気づけば、反転していけます。

エネルギーパターンはフィルムのようなものです。

この世界は映画館のようなもので、そのフィルムが映し出されてきて、それが自分の人生だというふうに思い込んでしまっているだけなのです。

私たちは命をいただいているわけです。

命は私たちを生かしてくれているわけですから、ある意味では祝福だと思うのです。

純粋なエネルギー、純粋な命は祝福です。

だから、本当は人生自体も祝福されていると思うのです。

だって、どうぞ人生を生きてくださいと命をいただいているわけですから。

でも、長い歴史、いろいろな多元的な宇宙の中で潜在意識には、もちろんいいエネルギーパターンもあるけれども、ネガティブなエネルギーパターンがいっぱい入っています。

それがこの世界に投影されてくる。

エネルギーパターンはフィルムのようなものです。

この世界は映画館のようなもので、そのフィルムが映し出されてきて、それが自分の人生だというふうに思い込んでしまっているだけなのです。

フィルムの源、映し出すのは純粋な光なので、本当は世界をあらわして祝福してくれているのに、自分たちが知らないところで誤ったエネルギーパターン、ネガティブなエネルギーパターンをどんどん背負い込んでしまって、それがあらわれてくる。

命とか、宇宙とか、純粋なエネルギーは、その人をいじめるわけないのです。
いじめているのは、誤った、勘違いしたエネルギーパターンです。

そして世界はこうだというボックスに入ってしまっている状態なのです。命とか、宇宙とか、純粋なエネルギーは、その人をいじめるわけはないのです。いじめているのは、誤った、勘違いしたエネルギーパターンです。

ですから、そこを整えていくと、自分の人生が、より光の方向というか、整った世界にシフトしていく。

いわゆるパラレっていくわけです。

世界の中心は何か

自分がいるから世界を認識しているわけだし、自分がいるから世界を体験しているわけだから、世界の中心は自分なのです。

映し出した世界を認識するのは自分です。

光の源があって、フィルムがあって、それを映し出しているのも自分だから、世界の中心は自分なのです。

自分の潜在意識を整えると、パラレルジャンプ、量子場あるいは量子のジャンプが起こって、あらわれる世界が変わるのです。

人生のジャンプ、人生のシフトです。

あるいは運命のシフトと言ってもいいと私は思っています。

ブループリントというもので大体の方向性は決まっていると思います。

たぶん魂が決めていると思うのですが、細かい出来事はジャンプすることで変わると思うのです。

例えば、酒を飲んで転んでけがをするというエネルギーパターンがブループリントだとします。

でも、骨折したということをパラレれば捻挫になり、それをパラレれば顔のずるむけになり、それをパラレればちょっとしたすりむきになり、ちょっとした尻もちになりと、変わっていくわけです。

あるワークショップで、「光一さんは運命は決まってないと言っているけれども、決まっているのかいないのか」と聞かれました。

私は「ブループリントは決まっているかもしれないけれども、運命というのは命を自分の潜在意識を整えると、パラレルジャンプ、量子のジャンプが起こって、あらわれる世界が変わるのです。

運命のシフトと言ってもいい。

運ぶと書くんだよ。大きな川があったとすると、そこを舟でどういうふうに動いていくかはあなたが選べるんだよ」と答えました。

でも、その人は「細かい運命は全部決まっていると、偉い先生が教えてくれました。光一さんが何月何日の何時何分に転んで骨折するということも全部決まっていると、その先生は言うんです」と言うのです。

私は「そうじゃない。それは大きな川の中で、このコースしか進めないよというのが運命で、これは決まっているという考え方ですね。でも、どんなコースだって通っていけるよというのが私の考え方です。そのぐらいの自由度はあるんじゃないの」と答えました。

「どっちが本当なんですか」とおっしゃるので、「それはあなたが決めてください。それが答えですよ」ということです。

ブループリントというもので大体の方向性は決まっていると思います。たぶん魂が決めていると思うのですが、細かい出来事はジャンプすることで変わると思うのです。

コロナ パラレル

新時代

×

光一

ヒカルランド社長
石井健資

コロナ禍で不安に巻き込まれた人々が溢れている現状を光一氏はどのようにみているのか。意識をシフトさせていく視点について、光一氏と石井健資（ヒカルランド社長）が語らいます。

六本木ヒルズでハヤブサが営巣している

石井　パラレルジャンプで思い出した話があります。

二子玉川のビルの屋上にビオトープという自然を再現する庭をつくったら、そこにカモがつがいで巣をつくって卵を産んで、ヒナが9羽かえったそうです。でも、毎日ヒナがいなくなる。猫とかは入ってこられないので、おかしいなと思って上を見上げたら、高いビルの屋上にとまっているハヤブサがこちらをずっと見ていた。

もう2羽しかヒナが残っていなかったので、これは大変だということで親とヒナをエレベーターに乗せて降ろして多摩川まで誘導して連れていったということです。

これもおかしいと思うんですよ。

絶滅危惧種のハヤブサがあらわれるわけない。

そっち方面でも次元が交わってきているんじゃないでしょうか。

もっとすごいのは、ハヤブサが六本木ヒルズで営巣していた。

これは何かおかしくなっているぞと。

六本木ヒルズで何を食っているのかと思ったら、鳩。ハヤブサにとったら、六本木ヒルズは崖なんですよ。

光一　時空間の壁が薄くなってかぶってきているんじゃないかな。
それを見る人が認識したら、日本中にそういう世界があらわれるかもしれない。

石井　自然と文明が共生する。

光一　そうすると、新しい世界になる。

石井　まさに、新しい世界への移行ですね。光一さんは、このコロナ騒動で何を感じていますか？

時空間の壁が薄くなってかぶってきているんじゃないかな。
それを見る人が認識したら、日本中にそういう世界があらわれるかもしれない。

コロナが怖いと思ったら、そこを認めて怖いという エネルギーを解放すると巻き込まれない

光一　コロナがイヤだとか怖いと思ってもいいけれども、思っているのは誰かということがポイントで、怖いと思ったら、それに巻き込まれないで、そのエネルギーを自分で整えていくことが重要なのです。

でも、まず気づかないとダメです。

「コロナは怖くない、怖くない」と必要以上にやると、その裏には怖いというエネルギーが潜んでいるので、そこを認めて変えていくことが重要なのです。

意識というのはポジティブとネガティブに振れるのです。

そうやって物事を認識するという意識の癖があります。

例えば、テレビなんか見ないと言う人は、テレビを見ると洗脳されるという思いが裏にあるからです。

テレビを見ても大丈夫という意識がある人は、選ばないから巻き込まれない。

初めはコロナの放送を見ると怖いと思う。

それを使って怖いというエネルギーを解放してしまうと、別に見ても怖くなくなってしまうのです。

逆な言い方をすると、初めはコロナの放送を見ると怖いと思う。それを使って怖いというエネルギーを解放してしまうと、別に見ても怖くなくなってしまうのです。

そういう意識体が出てくると、今度はコロナで不安が広がった逆現象が起きてきます。コロナには影響されないという意識がどんどん生まれて、パラレっていく。

石井　コロナの役割は大きいですね。すばらしい。コロナは上昇ですね。よくやってくれている。こういうふうにとらえると、解放に向けられる気がします。

あれを政府がやっている、メディアがやっていると言って叩いているだけではどうしようもない。

光一　それはボックスをつくってしまっていますね。

私たちはそういうふうに癖づけされているのです。

情報に巻き込まれているけれども、本当は私たちは情報に巻き込まれる存在ではないので、それを使って自分を整えれば、世界が変わります。

それが自分を整えれば世界が整うということです。

石井　メディア、よくやっている、政府、よくやっている、コロナありがとう。そう

情報に巻き込まれているけれども、本当は私たちは情報に巻き込まれる存在ではないので、それを使って自分を整えれば、世界が変わります。

いうハートにみんなが触れて広がっていくと、コロナは大変いい役割を果たしたことになる。

光一　巻き込まれないで、自分自身が中心で、自分自身が選べるということに気づいていく。そのためのチャンスとして使うことがカギです。

石井　向こうがコントロールして、支配して、ある方向に持っていかせようと頑張っていることが、我々の助けになる。

光一　それに気づく時代になってきたということです。

すごい時代です。

今まではつくられたボックスの中にギュッと押し込められていたのが、最近は出始めた人がいっぱいいます。

これは時代の後押しのような気もします。

本当の自分に気がついてくる。

エンライトメント・サイバネティクスは、自分と世界の再構築のツールになります。

今は時空間が緩くなっているから、すごいチャンスです。

このたび、本書と連動して、聴くだけで自身の奥深くに存在する神性に目覚めていエンライトメント・サイバネティクスは、自分と世界の再構築のツールになります。
今は時空間が緩くなっているから、すごいチャンスです。

く『覚醒CD』（224P参照）を創りました。

CDには本来の力に覚醒していくことを強力に支援していくエネルギーを封入してあります。

CDの音を、昔のレコードの豊かな情報が入った音に戻す

石井　それは楽しみです。

最近私も音の持つ本当の力を実感してるんです。

実はCDは人間の耳には聞こえない2万ヘルツ以上と20ヘルツ以下を人工的にカットしてしまった音。昔のレコードの音はすごくいい。それも溝の1方向しか再生してないので、もしいろんな方向からレコードの針を刺せると、ものすごい量の音の情報が取り出せるらしい。そういうレコード針もあるようです。

LPからCDになったときに、聴いていると疲れるとみんな言っていたのに、今は忘れてしまっている。プラス、スマホとかから聴く音も同じぐらい情報がカットされ

ていて、聴いていると疲れるし、体によくないということは明らかにされたそうです（参考『スピーカー革命【倍音・共鳴・自然音】でなぜ病が癒え、氣が整ってしまうのか?!』船瀬俊介著）。

　カットされた音の範囲がわかるから、それを戻す方法を見つけた人がいるんです。どんなＣＤでも、昔のレコードの豊かな情報に戻す。同じＣＤなのに、それでつくり直した音は、疲れるどころか、聴けば聴くほど体が元気になる。

　夜、クルマを運転しながら、前のＣＤ音と昔のレコードの豊かな情報につくり直した新しいＣＤ音と交互に聴きながら試したら、前の音だと外が暗くなると目がだんだん見えにくくなるのに、新しい音のＣＤをかけると、同じ音楽なのにどんどん頭がさえてきて、一番わかりやすいのは、目がよく見えるようになるんです。と同時に、踊り出したくなる。これは何度も試して、いろんな人をクルマに乗せて試してみたけれども、たぶん間違いないです。

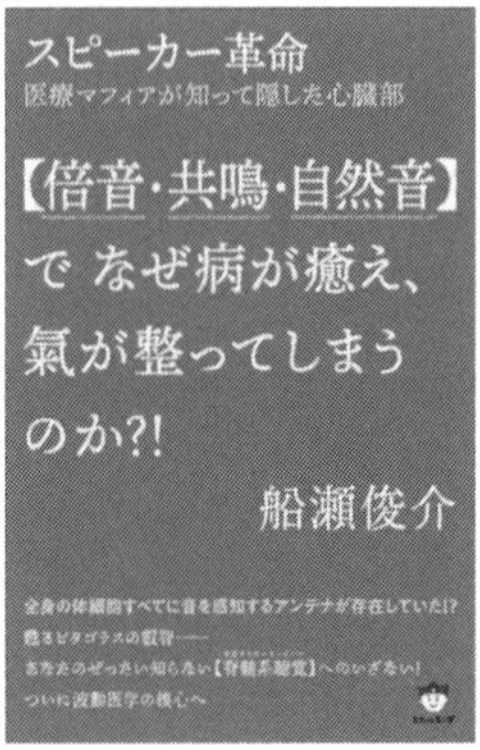
スピーカー革命
医療マフィアが知って隠した心臓部
【倍音・共鳴・自然音】でなぜ病が癒え、氣が整ってしまうのか?!
船瀬俊介
全身の体細胞すべてに音を感知するアンテナが存在していた!?
ついに波動医学の核心へ

　データをとったら、脳の血流が上がっているそうで、目がよく見えるようになるのはそれに付随して

当たり前なのかもしれません。

技術もここまできています。

これまでコントロールに使われてきた音の力を、もっともっと積極的に活用していく時代がきていますね。

光一　私の場合は、意識でCDや本の背後にあるエネルギーフィールドを整えます。この本を読んで覚醒CDを聴くと、知らないうちに自分の光明が目覚めていくよう、エネルギーレベルで整えて情報を注入しています。

全てはエネルギーです。エネルギーには情報が乗ります。人間の意識は、音や言葉としてとらえられる前の深いレベルにアプローチすることができる。

こういう形でみなさんや日本、世界が目覚めていくご支援ができて私もうれしいです。ありがとうございます。

Part 3

エンライトメント・サイバネティクス技術の奥義を教えます

体と魂と心と世界はつながっているから、世界に問いかける

自分自身の中にある光明、純粋な光を実現していることをゴールに設定して、自分を整えていくと、人生をどんどん効率よくシフトさせながら生きていけます。

しかも、何千年に一度という大変革のエネルギーが来ているときにそれをやっていくことは、すごく強力だということです。

なぜなら、体と魂と心と世界はつながっているのです。

これが直感的な占いの原理です。世界に「これはどういうことですか」と投げかけたとき、必ず答えが来る。

直感的な占いは、世界に問いかける道具として易とかタロットカードとかルーンなどを使っているだけです。

もっと原始的なやり方は、陰陽師の世界でいう辻占《つじうら》です。

世界に問いを立てる。

体と魂と心と世界はつながっているのです。
これが直感的な占いの原理です。
世界に「これはどういうことですか」と投げかけたとき、必ず答えが来る。

例えば、陰陽師に女性が「私と彼との恋は実りますか」と尋ねると、「今からあの橋を渡るときに聞こえてきた通行人の言葉に気をつけてください。その言葉が答えです」

つまり、辻、町に問うわけです。

質問を世界に投げかけると、世界が事象として答えてくるというのが、辻占の裏にある考え方です。

例えば、「宇宙人って本当にいるのかな」と世界に問いかけます。

易という道具を使ってもいいけれども、原始的には問いを投げる。

そうすると、帰り道の電車の中で、「宇宙人、いいよね」とか「宇宙人、すてきだよね」という言葉が入ってくる。

私が自分で考えていることは聞けます。私の世界だから。

ただ、勝手にほかの人のことを占うのはご法度で、それは外れる可能性があります。

本来は自分のことしかわかりません。

だから、占い師さんが人を占ってあげるときは、必ず許可をとって、その人と波動を合わせてやらないと、本当はわかりません。

世界は自分、自分は世界なのです。
世界と自分はつながっている。
だから、自分のことを知りたいとき
には世界に問いを投げかけると、
世界は答えてくれます。

全部自分の世界ですから、相手を見てあげるときは共鳴する必要があります。

相手はあなた、あなたは私で、合わせて見ていく必要があるのです。

ただ、統計学的な占いは統計学というボックスの中で聞いていくので、統計学的な占いは別です。

辻占で世界に問うのは、世界がボックスなのです。

私は大学をやめようかと思ったときに、そのテクニックを使ったら、次の日に、全然会ってなかった友達から電話がかかってきて、「おまえ、大学やめるなよ」と、いきなり言われました。

それが答えです。

世界とシンクロ度が増してきたら、余計にそういう現象が起こってきます。

世界は自分、自分は世界なのです。

世界と自分はつながっている。

だから、自分のことを知りたいときには世界に問いを投げかけると、世界は答えてくれます。

だから、わざわざ占い師のところに聞きに行かなくても、自分で問いかけた方が的

占い師に依存するということは、
自分の軸を占い師に預けてしまう
ことになります。
占いに行ってもいいけれども、自
分軸を保ちながらその占い師に問
いを立てる。

確です。

その占い師にリーディング能力がなかったら、トンチンカンなことを言われる可能性もあります。

また、占い師に依存するということは、自分の軸を占い師に預けてしまうことになります。

占いに行ってもいいけれども、自分軸を保ちながらその占い師に問いを立てる。

そして、その人の問いは、自分の宇宙の中の1つのきっかけだというスタンスで行ったほうがいいです。

預けるのではなくて、自分がしっかりあった上で、占い師なり世界に問いかける。

預けてしまう人がいますが、それでは自分軸を生きることになりません。

占いの使い方

女性に意外と多いのは、

「先生、この人が私のことを好きかどうか占ってください」

「この人はあなたのことが大嫌いですよ」

「ウエーン、先生、どうすればいいんですか」

それは既に自分の軸を占い師に預けているわけです。

そうではなくて、「この男性と私がよりうまくつき合うようになるにはどうすればいいですか」と、自分の軸で質問するならいいです。

そしたら、占い師に「この人とあなたはうまくいくことはないと出てますよ」と言われても、「それはあなたの意見であって、私はどうすればうまくいくか聞きたかったんです」と、自分軸はブレない。

占いの場合は、「どうなるんですか」と聞くのではなくて、「どうすればもっとよくなりますか」と、占いを活用するような意識で行くことが重要です。

「先生、どうなりますか」では、その先生はリーディングした結果しか教えてくれません。

「先生、私の人生、よくなりますか、悪くなりますか」と聞くと、答えは「悪くなります」とか「よくなります」です。

そうじゃなくて、「自分の人生をよりよくするためにはどうすればいいか」とか、「この問題を解決するためにはどうすればいいか」とか、そういうことを聞いた方がいいと思います。

占いという法則も1つのボックス、エネルギーパターンの箱ですから、その中に入るのではなくて、それをどういうふうに活用するかというふうに持っていくのが、自分のエンライトメントを生きるやり方だと思います。

でも残念ながら、相手を依存させようとする占い師も中にはいます。例えば「あなたは光が明る過ぎるのよ。このままだと死ぬわよ」とか言って、相手の軸を持ってこようとすることもあります。

そこに気づいて選ぶならいいのです。

私はあの先生のボックスに入って、その中で汗みどろになって一緒に人生を歩みたいと思うなら、それはそれでいい。

全てはその人ですから。

占いという法則も1つのボックス、エネルギーパターンの箱ですから、その中に入るのではなくて、それをどういうふうに活用するかというふうに持っていくのが、自分のエンライトメントを生きるやり方だと思います。

占いの世界を巻き込んで自分を変えていく

占いに行くと、ああだこうだと言われますけれども、言われて、そうなんだと気づいたら、そこが変えるチャンスです。

自分にはそういうエネルギーパターンがあるんだな、潜在意識にそういうのが入っているんだなと気づけば変われます。

私は手相を見るだけで全て当たるというインド人の占いを受けさせていただきましたけれども、なかなかすごい。

インドに来たらもっといいぞと言うので行こうと思いましたが、チラシを詳しく見たら、食べたいものも食べられない、朝も相当早く起きなければいけない、みんなと同じ白い服を毎日着なければいけない。

これは修行だなと思いましたが、「おまえの誕生日まで全部ズバリ当ててやる」と言われたのです。

もし私が、この占いはすごいなと思って、そのボックスに入ったら、私は占い師の言いなりです。

「おまえはヒーリングができるぞ」と言われて、「ありがとうございます。でも、私はヒーラーというよりは、違うことをやっているんです」と言ったのですが、次に会ったときには「おまえは悪霊を取れるヒーラーになれるぞ」と言われました。

私は悪霊を取るヒーリングにもあまり興味がなかったのですが、もしインドへ行ってズバズバ言われたら、それはすごく厳しい宗教で、神の摂理としての占いだという考え方ですから、「これが神の摂理だ。全部当てられているじゃないか。私のやりたいことは違っても、悪霊を取るヒーリングが私の人生なんだ」と思ってしまったかもしれません。

もしかしたらパラレルワールド、多元宇宙では、ふんどし一丁でインダス川のほとりで笛でも吹きながら悪霊ヒーリングをしている私がいたかもしれません。

これがボックスなのです。

自分でその占いのボックスに入ると決めて行くならいいと思うけれども、もし私がそんな気はなくてもあまりのすごさに巻き込まれたら、そうなっていたかもしれない。

占いの使い方は、それをどう活用するかで、その世界に入ることではないです。

その占いの世界に巻き込まれることではない。占いの世界を巻き込んで自分を変えていくことです。

ですから、すごく当たる占いというのは、ある面、怖さもあるのかなと思いました。

厳しい修行は私には合わないと思って、結局、インドには行きませんでした。

占いの使い方は、それをどう活用するかで、その世界に入ることではないのです。

その占いの世界に巻き込まれることではない。占いの世界を巻き込んで自分を変えていくことです。

世界はつながっていて、全ては完璧だ

世界はつながっていて、今この瞬間は実は完璧なのです。

だから、ここは完璧だというところからスタートすればいい。

変えようとしても無理です。

外の世界を変えようとするのはものすごい力が要ります。

自分の世界を変える方が本当は楽です。

例えば、テーブルを頭突きでかち割ろうとしても、1000回やっても無理です。

世界はつながっていて、今この瞬間は実は完璧なのです。
外の世界を変えようとするのはものすごい力が要ります。
自分の世界を変える方が本当は楽です。

でも、自分の世界の中でイメージでかち割ってくださいと言われたらできます。

この世界にあらわれる前の方が波動が高いのです。

波動が高いことがこの世界を形づくっている。

この世界は結果で、波動が粗い。

粗い波動を変えるには、物理的な力が非常に必要です。

まだこの世界に確定されていない情報をいじる方が楽なのです。

そんなにエネルギーをかけなくても変わる。

見えない世界を変えてしまえば、見える世界は変わります。

これからの政治も、わかる人が出てくれれば、あとは一人ひとりの意識が変われば、いい政治が自然にあらわれてくると思います。

今は、あらわれてきたことに関して、あいつは違う、こいつは違う。

でも、それを変えるのは大変なのです。

あらわれた世界なので、変えるには力が要る。

日本人が見えない世界で自分の責任で政治を行っていくという世界ができれば、そういう政治家があらわれて、それを体験するということです。

日本人が見えない世界で自分の責任で政治を行っていくという世界ができれば、そういう政治家があらわれて、それを体験するということです。

だから、今はチャンスなのです。

だから、今はチャンスなのです。

巻き込まれるのではなくて、それを体験し、いいとかダメとか言っているのは誰かというところを変えていくと早い。

もちろん行動を起こす必要があるけれども、整えてから行動を起こす。

普通は、Be→Do→Have、あり方を整えて行動を起こすと、それがあらわれる。

最近は、Be→Do→Haveではなくて、BeからいきなりHaveに来たりします。

ほとんど行動を起こさないのに、もっといい状態がいきなり宇宙から飛んできたという報告がたくさん届いています。

世界からあらわれてきたのです。

最近は、Be→Do→Haveではなくて、BeからいきなりHaveに来たりします。

ほとんど行動を起こさないのに、もっといい状態がいきなり宇宙から飛んできた。

世界からあらわれてきたのです。

〔実例〕

スクール生の体験談です。

台湾によく行かれる方で、向こうで事務所を借りようと思って不動産屋に行って、3階建てのビルの1室をどうですかと言われたけれども、3室借りたいと思っていたので断って外に出た。ところが不動産屋を出たところでビルの大家さんとばったり会って、今度空く予定だから3室全部貸す、しかも3室で1室の値段より安く貸しますと言われたのだそうです。彼女はびっくりして、「パラレッタんだよ」と言ってました。

世界に反応するのではなく対応すること

今まで慣れ親しんだ世界を超えることが重要なのです。

あれをしちゃダメだ、これを言っちゃダメだ、こう考えちゃダメだではなくて、全ては完璧だというところからスタートするのです。

そこで違和感があったら、それを感じているのは誰かということです。

起こっていることは完璧なのです。

それに対して対応することが不完全であり、完全に対応するように自分を整えていく。

世界に反応するのではなく対応することを覚えていくのが重要です。

人は、何かが起こったら、それに対して怒ったり、泣いたり、笑ったり、反応しているだけなのです。

何かがあってネガティブを感じたら、なぜネガティブを感じているのかということに気づいて、そこのエネルギーパターンを変えればいいのです。

そうすると、そういう出来事は起こらない。

あるいは、起こっても、ネガティブな反応は起こさない。

例えば、打ち合わせ中に猫の着ぐるみを着た人がいきなりニャーとあらわれたら、私は「何て楽しいイベントを用意してくれているんだろう。最高」と思うかもしれません。

ある人は、何だ、こいつ、失礼な野郎だと思うかもしれない。

違和感があったら、それを感じているのは誰かということです。
起こっていることは完璧なのです。
それに対して対応することが不完全であり、完全に対応するように自分を整えていく。

ある人は、一緒に踊ろうと言うかもしれない。

出来事に対しての反応は、人によって全部違うのです。

なぜなら、世界はその人のものだからです。

共通した事実に対しても、見ている世界は全員違うということです。

だから、反応も違うのです。

自分がネガティブだったら、そこを変えればいい。

イヤな思いをしたら、何でイヤな思いをしたんだろう。

話の途中で入ってきたやつがケダモノだと俺は思っているんだな。

そういうときは、入ってきてもいいことがあるよと、エネルギーをもっとやわらかくすればいいわけです。

そうなると、同じことが起こってもネガティブには行かない。

もしくはもう自分の世界でそういうことは起こらなくなっていきます。

思い込みのボックスを超えていくと、そういうふうに体験する世界が勝手に変わっていくのです。

出来事に対しての反応は、人によって全部違うのです。
なぜなら、世界はその人のものだからです。
共通した事実に対しても、見ている世界は全員違うということです。
だから、反応も違うのです。

ボックスとは何か

ボックスというのは、見えない領域での思い込みの箱です。

私は母に「あんたは引っ込み思案で協調性がない。すぐ泣くから弱い子」と、よく言われました。

私はそう言われるのがイヤだったので、自分で変えようと思って、小学校のときに自己改造に取り組みました。

「あなたはこうだ」というのはボックスなのです。

弱い子だと気づけば、それは気づいている箱なので変えていくことができます。

そこから抜けると決めれば抜けられます。

でも、自分でも気づかないところで、自分は消極的で泣き虫で協調性が全然ないというエネルギーパターンがあって箱をつくってしまうと、自分の人生はそういうものだと決めてしまうので、そこから出られないのです。

見えない、自分では気づかない思い込みの箱がボックスです。

エネルギーは純粋なところから来て、個人的な潜在意識のフィールドにある見えない思い込みの箱を通って、私たちは自分の人生を認識するのです。

ですから、あらわれてくることがイヤだったら、自分で気づかないフィールドに思い込みの箱があるんだなと気づいて、それを変えればいいのです。

それを広げればいい。

広げると、自分の可能性が変わり、人生が変わります。

ボックスを超えていくことは、すなわち自己成長していくということです。

エネルギーは意味づけされていません。

意味づけをするのが見えないボックスです。

エネルギーパターンと言ってもいいです。

エネルギーパターンで箱がつくられているのです。

普通の人は、それが自分の人生だと思って広げることができないでいるわけです。

ただ、そういうものがあると気づいて、自分の潜在意識のエネルギーパターンを変えていってボックスを超えるテクニックがあれば、変えていくことができます。

あらわれてくることがイヤだったら、自分で気づかないフィールドに思い込みの箱があるんだなと気づいて、それを変えればいいのです。

そして、結果的に何が起こるか。

何でこんなことがいきなり起こるのかというような、時間軸を超えた出来事が起こってきます。

パラレっていくためにはボックスを超える必要があるのです。

カルマもボックス

カルマも、こうやったからこれが起こるという原因と結果のエネルギーの法則です。

見えない領域にこのエネルギーパターンがあると、そこで箱がつくられてしまいます。

カルマを解消すると、そのボックスが広がります。

でも、カルマを解消しないで、原因・結果、原因・結果とグルグル回っていると、そこから出られないので、同じような人生を歩むことになってしまいます。

気づいて、そのエネルギーを解消して上昇すると、違った人生があらわれてきます。

カルマに気づけば、よりよい人生に上昇していくこともできるということです。意識を持っているということは気づきの力があるということでもあるので、そこが人間の知恵のすごいところかなと思います。

つながれた象という話があります。

つながれた象は逃げようとすると足がギュッとなってけがをしてしまうから、そのうちつながれてなくても逃げようとしなくなってしまう。

潜在意識の中につながれた記憶が入って、動くと傷つくということがエネルギーパターンとして象の中に入ってしまうからです。

魚も、水槽を仕切って、そこから行けないようにしておくと、仕切りを外してもその先には行かないようになるという実験があるそうです。

でも、気づきの力がちょっとでもあれば、あのときは

カルマを解消すると、そのボックスが広がります。

でも、カルマを解消しないで、原因・結果、原因・結果とグルグル回っていると、そこから出られないので、同じような人生を歩むことになってしまいます。

つながれていたからああなったけれども、今はつながれてないから外に自由に行けると気づいた象は逃げ出すことができます。

人間は、コツさえわかれば、常に気づいていけるということです。

知識を持っていれば、こういうネガティブなことが起こるのは、何かそういうボックスがあるからだなと気づけるわけです。

知識があれば、気づいて上昇することができるということです。

カルマもボックスなので、こういうカルマのボックスがあるんだなと気づいたら、そこのエネルギーパターンを変えると自由度が上がって上昇します。

内的会話に気づく

自分の内的会話（脳内対話）に気づくことが、自分の中にあるエネルギーパターンに気づくことにつながります。

これが気づくための言語テクニックです。

すると、何かが起こって、感情が来ます。

あるいは、言葉が来て感情が来ます。ほぼ同時に来ます。

酔っ払って転んで顔の皮がずるむけた。

家に帰って鏡を見たら顔が血だらけになっていて、ヤバいと思いました。

1週間後にワークショップがあるのに、この顔で出られるかな、いろいろネガティブな内的会話が起こってきます。会話と感情はほぼ同時です。

「まずい、どうしようか」「こんなことをやらかした自分に腹が立つ」、いろいろ出てきます。

酔っ払って転んでけがをしてまずいなという自分の内的会話に気づいたら、こういうことをやらかすのは自分の中にどういうエネルギーパターンがあるからだろうかと、自分の中に深く入っていくのです。

軽く反省するという感じです。

私の場合、もしかしたらワークショップ前に見た目が傷つくことを見せて、光一というのはたいしたことないやつだという挑戦を自分にしているかもしれないなとか、何かイベントをやる前にはネガティブを引き起こすという癖を持っているのかなとか、いろいろ予測できる。

気づいたら、それを変えていけばいいのです。

私は実際、変えました。

そしたら、結構深い傷だったので、もしかしたら傷が残るかもしれないと思っていたのに、1週間後のワークショップのときにはほぼ消えたのです。

気づいたから、パラレッタわけです。

内的会話で気をつけるのは巻き込まれないことです。

まいったな、まずいなと巻き込まれていたら、たぶん治ってないです。

そこに気がついて、イベント前にこういうことをやらかすというエネルギーパターンがありそうだなと予測して、それに気づいたら全部変えていく。

自分自身を観察することです。

全ては成長のチャンスです。

ネガティブはダメだと批判的な視点で自分をジャッジするパターンも、ボックスです。多くの日本人が共通して持っています。

Part 4

エンライトメント・サイバネティクスはテクニックを使うPOP ZEN!

よりどころは自分自身の奥にある

みんな自分自身を信じないですね。

だから、自分自身のよりどころを外側に探し、否定したり、依存したり、もっとすごい何かを探し求めてどこまでも旅をします。

私が一貫してお伝えしているメッセージは、「自分の中に純粋な光があるわけです。そこをよりどころにしましょうよ」ということなんです。

考え方が近いのが禅だと思っています。

禅の考え方では、外側から光り輝く神仏がきても「切れ」といいます。

禅はそういう教えなんです。よりどころは自分自身しかないということ。覚醒するという禅の目的においては、どんな光り輝く神仏がこようが、そこにとらわれず、「仏見たなら仏を殺せ」と教えます。

瞑想中に神格を持つ存在と一体感を持った結果、「自分はすごい人間だ」と思い込んだ自我が肥大した状態を魔境だといいます。

悟りを開く直前には誘惑もくるんです。その誘惑を超えて悟るんですね。

エンライトメント・サイバネティクスはテクニックを使う現代の禅

ですから私は、本書のメッセージは、伝統的な禅というよりは、ポップ禅というかカジュアルな禅、もっと広い意味での禅の発想だと思っています。

禅をしっかりと学ばれながら人生を生きている方も多いと思いますが、それは自己受容のプロセスだと思います。

究極の自己受容、究極の自己承認だと思うんですね。

自分自身を受け入れながら、自分の中の輝いているもの、いわゆる悟り、覚醒、それを目指していく。それを生きていく。今生をしっかりと生きていく。

そういう意味で言えば、私がお伝えしているエンライトメント・サイバネティクスという考え方、そしてテクニックを使って自分を整え、バランスを整え、陰陽エネルギーを統合し上昇していくというアプローチは、まさに禅が目指す場所へと人々を連れていくのではないかと思っています。

日常生活の中で世界を使って気づき、効果的にデザインされたテクニックを活用しながら、自分の中の輝き、直霊とつながり生きる。

エンライトメント・サイバネティクスは、まさに、ポップな、あるいはカジュアルな現代の禅といってもいいと思います。

全ての体でバランスをとる

エネルギーを扱うとき、バランスという発想が欠かせません。

整えるということは、バランスがとれていくということです。

私のお伝えしているやり方は、修行や鍛錬といった自分を追い込むアプローチではなくて、効果的なテクニックを日常の中でやれば効果が出てくる。そういう楽行派の発想です。

伝統的な禅ももちろんいいのですが、楽しんで悦んで自己を受け入れ変容させていくやり方があってもいいのかなと思います。

この発想をどんどん拡散していければ、自分には無理とあきらめモードだった人がご自身の本当のすばらしさに目覚めて、そして悟りを今ここで生きていくプロセスが始まっていくのではないでしょうか。

テクニックを使って、誰もがポップにカジュアルに禅なる生き方をしてもいいわけです。

潜在意識に効果的にアプローチする

そのためのご提案として私は、11個のテクニックを開発しました。

私のつくったテクニックを実践するのに、特別な能力は要りません。

誰でも簡単に実践できるようにデザインされています。

本当は、理屈を理解する必要もありません。

私が講師を務める陰陽統合エネルギースクールでも、いつもスクール生に言うのは「ただテクニックをやってください」ということです。


人間は多次元の動き続けるエネルギー体です。

自分というものは、目に見えない体まで含めた動き続ける有機体であり、瞬間瞬間、新しく生まれ変わって変化し続けている小宇宙です。


小宇宙を動かしている潜在意識に効果的にアプローチするために、体と言葉と空間をうまく使って変化を起こしていく11個のテクニックをつくりました。それらを使い分けていく、使いこなしていくとより効果的に結果を体験していくことができます。

実際に使いこなしていただくために、ワークショップやスクールで実践指導をしています。本書では、11個のテクニックを簡単にご紹介してから、初公開となる大技への理解を深めていきましょう。

「なほひあい」の6個のテクニック

11個のうち身近に使えるのは、陰陽統合エネルギースクールで教えている「なほひあい」というシリーズです。

「なほひ」というのは、直霊《なほひ》（内在神）です。

私のテクニックは、自分の中の光明、直霊のエネルギーを使って自分を整えていくものです。

「なほひあい」というのは私の造語で、6つのテクニックをまとめている言葉です。

「なほひ」と会うとか、「なほひ」を愛するとか、いろんな意味をかけています。

ですから、このシリーズの6個のテクニック名には全部「なほひ」とつきます。

なほひゆい

「なほひあい」の6つのテクニックのうちの1つが「なほひゆい」です。「なほひゆい」というのは「なほひ」とつなげていくという意味です。

「なほひ」は純粋なエネルギーですが、自分が「なほひ」と同一であるということを隠しているノイズがいっぱいあるわけです。

ネガティブなエネルギーパターンがたくさんある。

あるいは、スモッグのようなものだと思っていただいてもいいです。

光を隠している情報《ノイズ》が自分の中にいっぱいあるのです。

自分は聖なるものであるわけがない。

自分は神様とつながっているわけがない。

私にはそんな価値があるわけがない。

いろいろあります。

そういう誤ったエネルギーパターンをエネルギーとして扱ってクリーニングしていくのが「なほひゆい」です。

スモッグとかノイズ、ネガティブなエネルギーパターンをきれいにしていって、自分は「なほひ」そのものなんだと気づいていくテクニックが「なほひゆい」です。

自分は神様とつながっているわけがない。

私にはそんな価値があるわけがない。

そういう誤ったエネルギーパターン、光を隠している情報《ノイズ》が自分の中にいっぱいあるのです。

なほひふり

「なほひふり」というのは、潜在意識の中に入っているエネルギーパターン、情報を書きかえるテクニックです。

これは「なほひ」を活性化させて情報を書きかえていきます。

願い事がかなう、かなわないは、その願い事がかなっているエネルギーが自分の中にあるかないかで決まります。

なぜ神社に行って願い事をするのでしょうか。

神社は神様の場だからエネルギーが高いとどこかで思っているから、私の願いをかなえてくださいということで神社に行くのです。

でも、神様は自分の中にいるわけです。

「なほひ（直霊）」です。

その神様（内なる神性）を活性化させて、イヤな情報をいい情報に書きかえるテクニックが「なほひふり」です。

神様を活性化させるときは、うれしいな、楽しいな、ありがたいなという波動の高神様は自分の中にいるわけです。

「なほひ（直霊）」です。

その神様（内なる神性）を活性化させて、イヤな情報をいい情報に書きかえていく。

このとき、うれしいな、楽しいな、ありがたいなという波動の高いエネルギーを使っていきます。

いエネルギーを使っていきます。

なほひかへ

「なほひかへ」というのは、あえてネガティブなエネルギーパターンを受け入れて認めて、ポジティブなエネルギーに変換させるテクニックです。

ネガティブなエネルギーを受け入れて反転させると、ポジティブなエネルギーに変換されます。

「なほひかへ」については、のちほどしっかり扱っていきます（174P参照）。

なほひゆら

「なほひゆら」というのは、体を微妙に揺らしながらポジティブなエネルギーを体全体に回していくテクニックです。

なほひひびき

「なほひひびき」というのは、自分の存在をポジティブなバイブレーションに持っていって、そのバイブレーションを世界に拡散させるテクニックです。

ポジティブなエネルギーバイブレーションを外にどんどん出していくと、それが返ってきます。

世界平和の祈り、生きとし生けるものが幸せになるための祈り、それをやると自分の人生もよくなると言われます。

それは世界は自分だからです。

世界にいいエネルギーを出すと、それが戻ってくる。

与えれば与えられるというのはそういうことです。

でも、世界を呪うと、その人は呪われます。「人を呪わば穴二つ」です。

人を呪うと、何倍にもなってその人に呪いが返ってくる。

世界は呼応するのです。

与えれば与えられる。こうしてくれ、あれをやってくれと言う人は、ずっと奪われ世界は呼応するのです。

与えれば与えられる。こうしてくれ、あれをやってくれと言う人は、ずっと奪われていきます。「くれ」と言うのは人から奪う行為だからです。

ていきます。「くれ」と言うのは人から奪う行為だからです。

だから、自分がまた奪われます。

奪われるから、すぐ誰かのところに行って「くれ」と言います。

たとえもらったとしても、それは奪っているので、自分はまた奪われます。

自分が人の顔を見たら「くれ、くれ」と言う「くれくれ星人」になっていると気がついたら、それを経験しているのは誰か、私の中に「くれくれ星人」が潜んでいるのかもしれないと思って自分を整えていく。

あらわれたものは、自分の成長とか、よりよき人生にパラレッテいくための恩恵です。気づきがあるから、私たちは自分を整えていけるのです。

なほひはる

「なほひはる」というのは、易経・八卦図を使って調和のあり方へと自分を整えていく儀式的ワークです。『超越易経　nahohiharu』（ヒカルランド）で詳しく紹介しています。

スピリチュアル・スペース・エンジニアリング（霊的空間活動術シリーズ）

別のシリーズとして、空間を効果的に使うSSE（スピリチュアル・スペース・エンジニアリング）という5つのテクニックも開発しています。

この5つのテクニックは、ちょっとドラマチックにやります。

いわゆるバーチャル遊園地みたいなものです。

これは、空間上にフォーマットをつくってエネルギーをそこに放り込んで、それをとっていくというゲーム感覚でつくるものです。

霊的空間を活性化させて、自分の潜在意識をダイナミックに動かしていくわけです。

天使召喚・四神召喚

天使召喚というのは、自分の問題解決あるいは願いの実現のために四大天使を呼び出して、その力を使います。

四神召喚というのは、風水の神である玄武、青龍、白虎、朱雀を呼び出して、自分のために使います。

チョイスワーク

人は、選択によって運命が変わってくるといわれます。

人は、そこで悩むわけです。

大体2択です。

例えば、この学校に行くか、こっちの学校に行くか、選択の悩みです。

実はこれがチャンスなのです。

選択に悩むのは、よりよい人生を生きたいという原動力があるからで、それを使うのです。

選択の悩みを使って人生をシフトさせます。

それがチョイスワークです。

選択に悩むのは、よりよい人生を生きたいという原動力があるからで、それを使うのです。

選択の悩みを使って人生をシフトさせます。

五行合一

問題解決のために木火土金水のエネルギーを統合させて自分の中に入れ込みます。

五行のバランスが崩れると、病が起こったり、運命が狂ったりします。

東洋の占いは、木火土金水のバランスが1つの基本になっています。

その日がその人にとって相性のいい日にちになっているかどうかとか、バランスを見ていくのです。

体もそうです。経絡上の木火土金水のバランスがちゃんととれているかどうか。

内臓1つひとつのバランスがとれているかどうか。

木火土金水のバランスを重要視しています。

であれば、先に木火土金水のバランスを整えて、自分の中に入れ込んでしまえばいいわけです。

ミッション・リビング・インテンション

これは使命を生きることを意図するというテクニックです。

人生は有限です。

人は必ず肉体を脱ぎ捨てて、この世界を去ります。

そのときに、どう考えて去るかは誰もわかりません。

この世界を去る直前に、後悔したり、満足したりして去っていくといわれています。

ですから、この世界を去る直前の世界を体験してもらって書きかえるというテクニックです。

この世界を十分に味わい、使命を全うし、この世界に感謝して、自分の人生を祝福して、次の世界に移るというワークがミッション・リビング・インテンションです。

以上の11個のテクニックを使いこなしていくと、さまざまなレベルや角度から自分の潜在意識を整えていくことが可能となります。

全てエネルギーとして扱う

光一テクニックでは、体と空間とイメージを効果的に使っていきます。

そして、多元的に広がっている自分の側面を全てエネルギーとして扱っていきます。

このときにどのレベルにまでアプローチしていけるのかということが、より大きく変容していくコツになっていきます。

木の枝を一本一本みていくのか、幹に切り込んでいくのか。

それを私は抽象度でみていきます。

抽象的なエネルギーパターンを整える

自分の人生を整えるときにとても重要なのは抽象的なエネルギーです。

自分にとって人生とは何か。

自分にとって幸せとは何か。

自分は幸せを生きる人生か、不幸を生きる人生か。

抽象的な自分の人生のテーマを決めて整えることがすごく重要なのです。

願いの実現のテクニックで、高級外車に乗れたら幸せだから、高級外車に乗るためのイメージング法とか、宝の地図とか、いろいろやり方があります。

でも、高級外車に乗ることが自分の幸せと本当にイコールだったら、自分の人生は幸せを生きていいんだという許可のエネルギーが抽象的エネルギーパターンでできてないと実現しません。

エネルギーというのは、抽象的なパターンから具体的なパターンに来るからです。だから、抽象的なエネルギーパターンを整える方が、細かい願い、幸せにマッチングする願いがかないやすくなるということです。

逆に、念力みたいなもので強引に周りをコントロールしながら願いを実現してしまって、抽象的なエネルギーパターンが幸せでいいという許可があると、不幸せが起こる可能性があります。

高級外車に乗ることが自分の幸せと本当にイコールだったら、自分の人生は幸せを生きていいんだという許可のエネルギーが抽象的エネルギーパターンでできてないと実現しません。

人生のバランスが崩れる可能性があるということです。

ですから、抽象的なエネルギーパターンを整えることはすごく重要です。

委ねる前に潜在意識を整える

「大いなる力に委ねようと」か、「神様に委ねよう」、「純粋なエネルギーに委ねよう」という話があります。

でも、委ねる前に、自分の潜在意識を整えていく必要があるのです。

というのは、純粋なエネルギーは、いろいろ意味づけされたエネルギーとなって、個人の世界に入ってきます。

個人の世界で自分の潜在意識に、「この世界に悪いことや闇を見せつけて光をつくってあげよう」というプログラムが入っていたら、その人はそれをやります。

大いなる力に委ねたら、自分に入っているプログラムが発現するわけですから、それがあらわれます。

だから、まず自分自身の人生は光を生きるとか、幸せを生きるとか、豊かさを生きるとか、人に貢献するというエネルギー状態に整えてから委ねるのです。

起こっていることを活用する

そのために今、自分が体験していることを使うのです。

今、自分にとっておもしろくないことが起こってきたら、その出来事が起こっているのはどういうエネルギーが自分の中にあるからなのかということを見つけて、それを変えていきます。

例えば、私が町に出たら、「何だ、このオヤジ」とか言われて、見知らぬオッチャンにビンタされるかもしれない。

これは私にとってネガティブです。

では、どういうエネルギーパターンがあるから、私にそれが起こったのか。

よく考えてみてください。

起こったことがネガティブだったら、なぜそれが起こったかを活用する。
あるいは、起こったことをそのまま出してエネルギーを反転させる。

もしかしたら、「ネガティブな結果が突然起こることで私は成長する」というエネルギーパターンが入っているかもしれない。

それでよければいいけれども、悪かったら、それを整える。

私は突然のネガティブなエネルギーパターンを経験しなくても成長できるというふうに情報を書きかえます。そうすると、それは起こる必要がなくなります。

起こったことがネガティブだったら、なぜそれが起こったかを活用する。

あるいは、起こったことをそのまま出してエネルギーを反転させる。

さっきの6つのテクニックをいろいろ使いながら、ネガティブなエネルギーパターンを活用してポジティブに変えて上昇していくということです。

4つのカテゴリーを整える

通常、人は、この世界の認識で幸せだ不幸せだと反応していきますから、大きくは4つのカテゴリー、健康領域、自己実現領域、経済領域、人間関係領域がバランスよくとれている必要があります。

自己実現領域というのは、自分はやりたい仕事をしているとか、やりたいことをやって生きているとか、自分の使命を生きているというようなこと。

経済領域というのは、十分な収入を得ているとか、生活するに余裕がある豊かさを持っているというようなこと。

そして恋愛とか家族関係を含めた人間関係領域。

もっと抽象的になると、全ての分野で私は幸せを許しているとかいうふうにつくっていくことになりますが、4つの抽象的なエネルギーパターンを整えることは意識しておくといいと思います。

外は内なり、内は外なり

外に起こってくることは自分の世界の反映なので、それがネガティブだったら、それを引き起こしているエネルギーパターンは何なのか探っていけばいいのです。

外は内なり内は外なりで、どっちも同等なのです。
どちら側も意識しながら自分を整えていく。
外で起こっていることは自分の反映なので、ネガティブがあれば自分を整える。

外にあるものは内にあるものなのです。

内にあるものを整えると、それは外に投影されてきます。

外は内なり内は外なりで、どっちも同等なのです。

どちら側も意識しながら自分を整えていく。

外で起こっていることは自分の反映なので、ネガティブがあれば自分を整える。

自分を整えると、いいことが出てくる。

そしたら、これはいいパターンがあるんだなということで、それはそのまま強化していく。

陰と陽、ネガティブもポジティブも受け入れ、それを統合することで上昇していきます。

いわゆる成長していくということです。

確信をつくる

人は、この理由があるからこうだ、こういう体験があるからこうだと決めていきます。

理由も体験も何もないけれども、私は幸せな人生を生きるんだ、私は豊かな人生を生きるんだ、私は楽しい人生を生きるんだ、私は世界に貢献する人生を生きるんだと、まず決めること、前提をつくること、そのエネルギーパターンをどんどん入れることで確信が生まれます。

何かわからないけれどもこうなるな、何かわからないけれども大丈夫だと思うということが生まれてくるのです。

だから、エンライトメントを生きるというゴールをガンガン入れていくことで、それはそうなんだなという前提が生まれ、確信が生まれますから、どんなネガティブなことが起ころうと、すごくつらいなと思う反面、どこかで大丈夫だというエネルギーが安定化していきます。

そうすると、ああもう絶望だというネガティブなエネルギーパターンにのみ込まれないのです。

前提として何か大丈夫だという確信があれば、絶望に巻き込まれることはありません。

私は、私の人生はどうなってしまうのかなと、答えてくれないのがわかっているのにお月さんに聞いたことがあります。

当然答えは返ってきませんでした。持ち金20万円で会社をやめて、それがなくなるまでに再就職できなかったらヤバいという事態に陥ったこともあります。

何社か受けたけれども、やっぱりダメで、ヤバい。

顕在意識は混乱します。

でも、こういう経験をしました。

大丈夫だという理由のない確信が来たのです。

再就職先は決まってない、お金はどんどん減ってきて残り10万円ぐらいしかなくてヤバい、でも大丈夫だという理由のない確信があったのです。

それから1週間で、2社、就職先が決まって、そのうちの1社が、私がその後30年間お世話になった業界の会社で、その業界で最年少役員にまでなりました。

確信をつくると、そういうことが起こってきます。

悟りの認識

エンライトメントはもちろん内にあるけれども、内にあることは外にあらわれてくるので、外にもあるのです。

外側を見てすばらしいなと光を感じるのは、外は自分の中の投影ですから、自分がスタートにあるのです。つまり、内も外もエンライトメントなりということがとても重要です。

禅僧が師匠に「師匠は悟りを得たと聞いています。悟ったあと、何が違うんですか」と尋ねたら、師匠は「海は海で山は山じゃ」と答えました。

これは、見ているものは一緒だけれども、その認識が違うということなのかと私は外側を見てすばらしいなと光を感じるのは、外は自分の中の投影ですから、自分がスタートにあるのです。つまり、内も外もエンライトメントなりということがとても重要です。

解釈しています。

外は変わらないのです。内が変わる。

でも、実はその人にとっては認識は変わっているのです。

言葉は一緒です。

「海は海なり山は山なり」

悟りの認識とは、ジャッジしないでそれをそのものとしてみることといえます。

世界は何も変わらないと思うかもしれませんが、認識は変わっていくのです。

対立して競合していくことを超えていくだけで、世界は変わっていくのです。

全ては自分であり、自分の反映を知りながら、常に悟りも光明もどんどん広がっていく。

光明を外に見たなというのが1日のうち1分だったものが、自分が成長していくことで、それが10分になり、1時間になり、全ての瞬間が光明のあらわれになったら、世界は整っていきます。

身体こそ指標

今、この地球にいるということは身体をもって認識しています。

身体があるから認識できるのです。

ですから、身体は道しるべです。

身体をもって認識している世界が、その人にとって光明の世界なのか、それとも迷いの世界なのか。そこを感じながら自分を整えていくというリズムです。

そのとき、時間は味方になります。

生きれば生きるほどつらくなる世界から逆転が起こります。

これからは年をとることが呪いではなくて祝福になる時代に変わっていきます。

いくつになってもパラレっていく。

年をとるごとに世界が広がり、豊かになっていく。

すると、年をとることが楽しみになってきます。

これからは年をとることが呪いではなくて祝福になる時代に変わっていきます。
いくつになってもパラレっていく。
年をとるごとに世界が広がり、豊かになっていく。

いつの時代もブレない生き方とは

時代は変わるし、昭和、平成、令和、いろんな時代が来ます。

どういうふうになるか予測できない。

でも、どんな変化があろうが、自分軸を生きてエンライトメントをゴールとして設定したときに、その時代に合わせた、その人にとって最適な生き方ができることになります。

時代に翻弄される生き方ではなくて、時代を活用する生き方への転換です。

そのためには、自分の中にエンライトメントがあって、エンライトメントをゴール設定していくという仕込みが重要です。

仕込むと、それはあらわれてきます。

創造主とは誰か

創造主というのは純粋なエネルギーだと思いますが、創造主に近いエネルギーは自分だということです。

トカゲ星人とオリオン星人がハイブリッドで地球人をつくったとか、猿が進化して人間になったとか、いろんな説があります。どれも真実だと思うのです。

宇宙は無限ですから、そういう世界はあると思いますし、今、この地球もそうかもしれません。

ただ、その人が何を選ぶかによって、その人の宇宙は変わってくるということです。自分が何を選ぶか、自分がどう感じるかが真実で、自分以外のところに真実はないのです。

ですから、自分が創造主であると決めた方が自分の人生のコントロール力が増すということです。

創造主というのは純粋なエネルギー。

ですから、自分が創造主であると決めた方が自分の人生のコントロール力が増すということです。

Part 5

実践！
多次元調整21

エンライトメント・サイバネティクスを起動する

本書では、エネルギーが先に動く、エネルギーレベルで前提をセットする、という考え方をお伝えしてきました。

Part5では、エンライトメントをエネルギーでセットしていく具体的な方法として、これまで公開してこなかったスペシャルワークをお伝えします。

この方法は、3×7＝21次元レベルのエネルギー体におけるノイズをクリアリングし、整えていく「多次元調整21（トゥエンティーワン）」というものです。

多次元調整21は、先にご紹介した「なほひかへ」というテクニックを使い発展させた特殊モデルです。

それではまず、「なほひかへ」のやり方からお教えしましょう。

陰陽変換テクニック「なほひかへ」　基本編

「なほひかへ」は、自分の中にある直霊《なほひ》つまり内在神の力を使って、ネガティブなエネルギーをポジティブなエネルギーに変換していくテクニックです。「なほひかへ」は即効性があるので、とても人気のテクニックです。

「なほひかへ」実践のポイント

〈自分自身に対して適用する〉

日常生活の場面で、何かの状況に反応して、怒りやイライラ、悲しみ、苦しみを感じる場面がありますね。私にもあります。人間なら誰しもあります。

その怒りの感情、悲しみの感情に巻き込まれているから、つらくなるのです。

ですが、それを感じたら、どうするのかは選ぶことができます。

この世界は、全部自分です。あなたがいなければ、それを経験できないんです。

ですから、「なほひかへ」のテクニックは、自分自身に対して適用していきます。

今自分が感じているネガティブエネルギーを自分の中で変換するのです。

キーワードは、

「それを感じているのは、誰ですか？」

「それを認識しているのは、誰ですか？」です。

〈ネガティブエネルギーを出して出して出し切る〉

「なほひかへ」では、自分が感じている「ネガティブなエネルギー」を扱っていきます。

ネガティブな感情にはさまざまあります。

・怒り
・イライラ
・不安
・悲しみ
・許せない気持ち
・虚しさ
・孤独感
・劣等感
・焦燥感
・自己嫌悪
・妬む気持ち
・恨む気持ち
・沈んだ気持ち

〜など

爆発しそうな激しい感情から、漠然とした漂うものまで、どんなものでも扱えます。

ただ単に「ネガティブなエネルギーが来たな」と気づくだけでもいいです。

今、自分は怒りまくっているな。否定的な感情になっているな。漠然と不安を感じているな、と。

自分が感じているネガティブなエネルギーを特定したら、遠慮せず、出し切るのがコツです。

リリースが起こると、涙や咳、鼻水など何かが出てくる場合があります。

〈結果に執着しない〉

「なほひかへ」をするときの注意点は、結果に執着しないということです。

執着はエネルギーをとめます。

「これをやれば何が起こるんだろう」「どんないいことがやってくるだろう」といった期待も執着です。期待していることに気づいたら、それも「かへ」ります。

おすすめは、何も考えず、ただやってみることです。

やってみればわかりますが、「なほひかへ」のテクニックを使っていると、ふと、気にならなくなるときがきます。そのときに、事は起こります。

「起こそう」とするのではなく、勝手に「起こってくる」のです。

〔実例〕

「なほひかへ」はもともと簡単なのですが、練習していくと、そのプロセスがトリガーワードでアンカリングされているので、自動的に動くようになってきます。

例えば、私は「なほひかへ」を使って、居酒屋で騒いでいる人たちを静かにさせるのが得意です。今は、テクニックの手順を全て一々やらなくても、手のひらで受けるポーズをして、頭の中で「うるさいな。かへかへ。うるさいな」と言うだけで変わるときがあります。

相手にぶつけるのではなく、心の中でやるのです。

本音のエネルギーだから、ウソや遠慮は一切要らない。口汚くていいです。

心の中でも我慢すると、ストレスになってしまいます。心の中ででもそんなこと言った自分はひどいやつだとか思う必要はありません。

〔実例〕

隣の家の木がうちに張り出して邪魔なのに切ってくれないし、うちの庭にゴミを捨てたりするので「なほひかへ」をやったけれども効かないと言うスクール生がいたので、どういうふうにやったのか聞いたら、自分の世界なのに、「私、ゴミを捨てられるとものすごくイヤな気持ちがするんです。木もうちまで張り出したらイヤなので、できれば切ってもらうとありがたい」と、上品なのです。

それは全然かへってない。

そこで、「本当は、『バカヤロー、いい加減にしろ、じじい』と思っているんじゃないですか」と言ったら、「そうです」と言うので、「それをやってください」と言いました。そしたら、隣の人がそういうことをしなくなった。パラレッタのです。

人に言うわけじゃないから、ネガティブな感情は自分の中で出して解放した方がいいのです。解放しないと、ストレスになって、波動共鳴の原理で同じような状況を引っ張ってきます。

私には同じことが起こりやすい、よくこういう目に遭うという話があります。

それは自分の中で解放してないからです。ずっと持っているから同じようなことが起こるのです。同じような感情をぶり返すパターンが浮かび上がってくる。

人によくいじめられる人は、心の中で「この野郎、私のことをいじめやがって、死ね」、このぐらいやらないと解放できないのです。

人に言うわけじゃないから、ネガティブな感情は自分の中で出して解放した方がいいのです。

解放しないと、ストレスになって、波動共鳴の原理で同じような状況を引っ張ってきます。

解放とパラレルのはセットで、そうしないと、そのボックスに入って出られない。自分でそこにしがみついているのと一緒です。

よくやってしまうのは、怒りやネガティブな感情を体験しているのは相手のせいだからと、相手にネガティブエネルギーをぶつけるやり方です。これはエネルギーを解放しているのではありません。外側に投げたエネルギーはいつか必ず戻ってきます。

「なほひかへ」は、ネガティブを出せば出すほど、それを反転できるテクニックです。出せば出すほど変わります。

自分のことをののしってもいいです。それもネガティブなエネルギーですから。

「自分はダメだ」とか「こんな自分は嫌いだ」と出して反転させる。

それを出さないでいると、自分は嫌いだという出来事を引っ張ってきます。

出していく、そして反転させると変わります。

【実例】

例えば、社員がもめていてイヤだなと思ったら、「俺の前でケンカばかりしやがって、コノヤロー、もっと大人になれ、バカ」とか心の中で言って「かへかへ」とやる。

解放とパラレルのはセットで、そうしないと、そのボックスに入って出られない。
自分でそこにしがみついているのと一緒です。

スクール生の方で、社員が全然言うことを聞かないと怒っている社長がいたのですが、「それを体験しているのは誰ですか。あなたでしょう。それをやってください」。そしたら、全員素直になって言うことを聞くようになったそうです。

子どももうまくいってなかったけれども、すごく仲よくなったし、不眠症が治って健康状態もよくなって、会社の売り上げも上がったと報告してくれました。

そういう方が結構います。

なほひかへ

〈手順〉

①合掌し、アファメーション「我、大いなる光と1つなり」と3回唱える。

②自分が感じている自分のネガティブなエネルギーを特定する。

③右手の手のひらは下向き、左手は上向きに構える（受容のポーズ）。

④ネガティブエネルギーを本気で左手に出す。出して出して出し切る。

⑤左手の下に右手を添え、親指を立てる。

⑥⑤の状態で両手をシェーカーのようにふりながら、「変換変換変換」「かへかへかへ」とコマンドを言う。

⑦そろそろ終了でいいかなと思ったら、手印を結び、「ありがとうございます」を3回唱える。

「なほひかへ」の手順
①アファメーションを行う。
我、大いなる光と一つなり。
3回唱える
②ネガティブな思いを左手の上に乗せていく。
出して出して出し切る
右手は手のひらが下
左手は手のひらが上
③ネガティブをポジティブに変換。
ネガティブなもの
左手が上にくる
かへ、かへ、変換！
左手
右手
④手印を結び感謝。
ありがとうございます
3回唱える
左手
右手
左手の親指が手前

陰陽変換テクニック「なほひかへ」応用編

より抽象度の高いエリアのノイズをクリアリングする

自分の中の光と統合していくことをとめているエネルギーのことを、私は「ノイズ」と呼んでいます。「ノイズ」がどんなノイズか、肉体レベルでそれを特定して扱っていくのが通常の「なほひかへ」でおこなっているプロセスです。

この「なほひかへ」を使ってより抽象度の高いエリアにアプローチすることができます。

具体的な悲しみや苦しみ、イライラといったものになる以前の深いレベルのノイズをクリアリングしていく。

具体的には、人間という存在のエネルギー体とバランス構造に沿ってクリアリングをおこなっていきます。

上丹田、中丹田、下丹田のバランスを整える

肉体の裏にある情報フィールドはエーテル体と呼ばれます。

エーテル体領域には、上丹田、中丹田、下丹田があります。

上丹田は頭、中丹田はハート、下丹田は下半身です。

この上丹田、中丹田、下丹田のバランスを整えることが必要です。

ヒカルランドさんでやらせてもらっている『ライフプログラム・ダウンロード会』では、1時間で相当のエネルギー量をダウンロードします。これはサポートです。

自分で気がついてやるのもいいですが、個人セッションとかダウンロード会では、個人ではなかなか気がつけない深いレベルを私がリーディングしながら必要なエネルギーをつくっていきます。

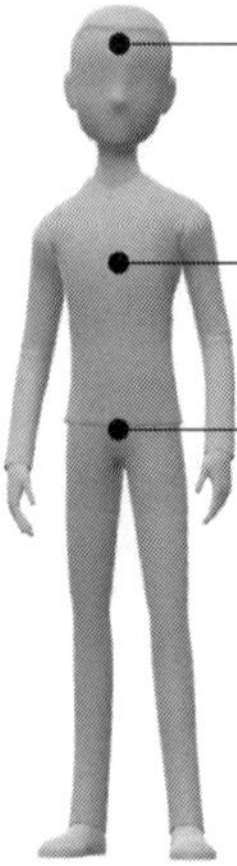

そういうときに、上丹田、中丹田、下丹田のバランスがとれてない方を結構お見受けするのです。

全てバランスなのです。

上丹田、中丹田、下丹田のバランスがとれていないと、肉体レベルのバランスが崩れることも多い。

まずエーテル体レベルのバランスが崩れるので、肉体不調と人生の不調があらわれやすいです。

例えば、霊的訓練で上丹田ばかり訓練する。

もっと具体的に言うと、第6チャクラ、いわゆる第3の眼ばかり修練する流派もありますが、それは結構難しいです。

バランスを崩しやすいのです。

もっとわかりやすい話で、昔、禅病というのがはやりました。

禅は上丹田にエネルギーを集中させるので、気が上に上がって降りてこないと不定愁訴があらわれるのです。

それでバランスを崩してしまう。

禅病を治したのが白隠禅師の「軟酥《なんそ》の法」です。

「軟酥の法」というのは、簡単に言えば、頭の中にすごくいいにおいのするバターみたいなものがあって、それが溶けてずっと下の方まで流れていくようなイメージを思い浮かべるのです。

上に上がったエネルギーを下に降ろしてバランスを整える作業だと私は解釈しています。

また、超能力開発訓練では第3の眼が重要なので、そこに集約してバランスをとる作業をやっておかないと、バランスを崩す可能性があります。

だから、常に上丹田、中丹田、下丹田のバランスを意識しておくことが必要です。

やるなというわけじゃないけれども、そういう訓練をやる場合は、エネルギーが下に降りていくというテクニックが必要です。

そうしないと危ないので、基本的には絶対やっているはずです。

気功の場合は、収功で下丹田に気を持っていきます。

西洋的な訓練でも、エネルギーをダウンさせるというのが必ず入っているはずです。

だから、素人目で、上丹田だけ訓練するのは危ないです。

見えない存在たちもいるから、そういう人たちと一緒に遊んでばかりいて、肉体的な生活ができなくなったらヤバい。

一般の人から見たら、それは病気です。

「私の家にユニコーンが毎日来てお話ししていたけれども、急に来なくなったから、私に何か悪いことが起こるんでしょうか」と聞かれたことがありますが、そういう質問自体が完全にファンタジーを生きていて、今ここを100%生きている状態とはいえません。

上丹田は上とつながる力、

下丹田は肉体とつながる力であり地球とつながる力、

上丹田は上とつながる力、下丹田は肉体とつながる力であり地球とつながる力、中丹田はハートなので上丹田と下丹田をつなげる力です。

この3つをバランスよく整えておくことがとても重要です。

中丹田はハートなので上丹田と下丹田をつなげる力です。
この3つをバランスよく整えておくことがとても重要です。

内なる天地人　外なる天地人

人は天とつながっていて、天からエネルギーをいただいています。
上から来ているとも言います。
見えない世界です。地は地球の地です。
私たちは天と地とつながっていますが、つなげているのは体です。
ですから、天地人なのです。
自分の体の上丹田、中丹田、下丹田を整える必要はあります。
自分を整えるときは、天と地と私との関係を整える。
それは内なる天地人です。
自分の中の天と地と人のエネルギーを整えると、外の天と地と自分のエネルギーが整ってきます。あるいは、外のエネルギーがどうも地球との関係が悪いなとか思ったら、それを自分の中で整えると、外もつながってきます。

多次元体を整える

基本の肉体に続いて、エネルギー体へと意識を向けていきましょう。

私たちの体をつくっている情報レベルのフィールド（場）があるのです。

いわゆるサトルボディ（微細身）フィールドですが、そこも整えていくことをやると早いです。

一番近いのがエーテル体と言われているものです。

エーテル体をつくっている情報の場がアストラル体と言われているものです。

幽体離脱というのはアストラル体に意識体が移動する状態だとも言われています。

それをつくっているのがメンタル体で、これが個人意識のすごく深い土台部分の情報の場だと言われています。

それを超えると集合意識と混ざってきます。

ですから、世界のいくつかの情報としてこういうことがあらわれるだろうというのは、コーザルレベルの情報を読んでいる人たちもいると思います。

もしかしたらアカシックレコードもそのあたりかもしれません。

その上のブッディレベルというのが、いわゆるマスターレベルで、波動が高いと言われている人たちの波動領域がある場所だと言われています。

それを超えるとアートマ体、さらにモナド体というのがあります。

アートマ体は、アートマンとも言い、「真我」と訳します。だから、自分自身です。つまり、ある意味では全てが自分自身だ。そういう解釈で言えば、アートマ体というのは微細な領域まで自分自身だということを認識しているフィールドです。

最後のモナド体というのは、宇宙そのものです。

だから、メンタル体レベルが個人領域の潜在意識だとすれば、ここも一緒に整えると、効果がかなり高くなります。

でも、エンライトメントというのはもっと先まで行くのです。

宇宙でさえエンライトメントのあらわれだと考えたとき、エンライトメントを指標

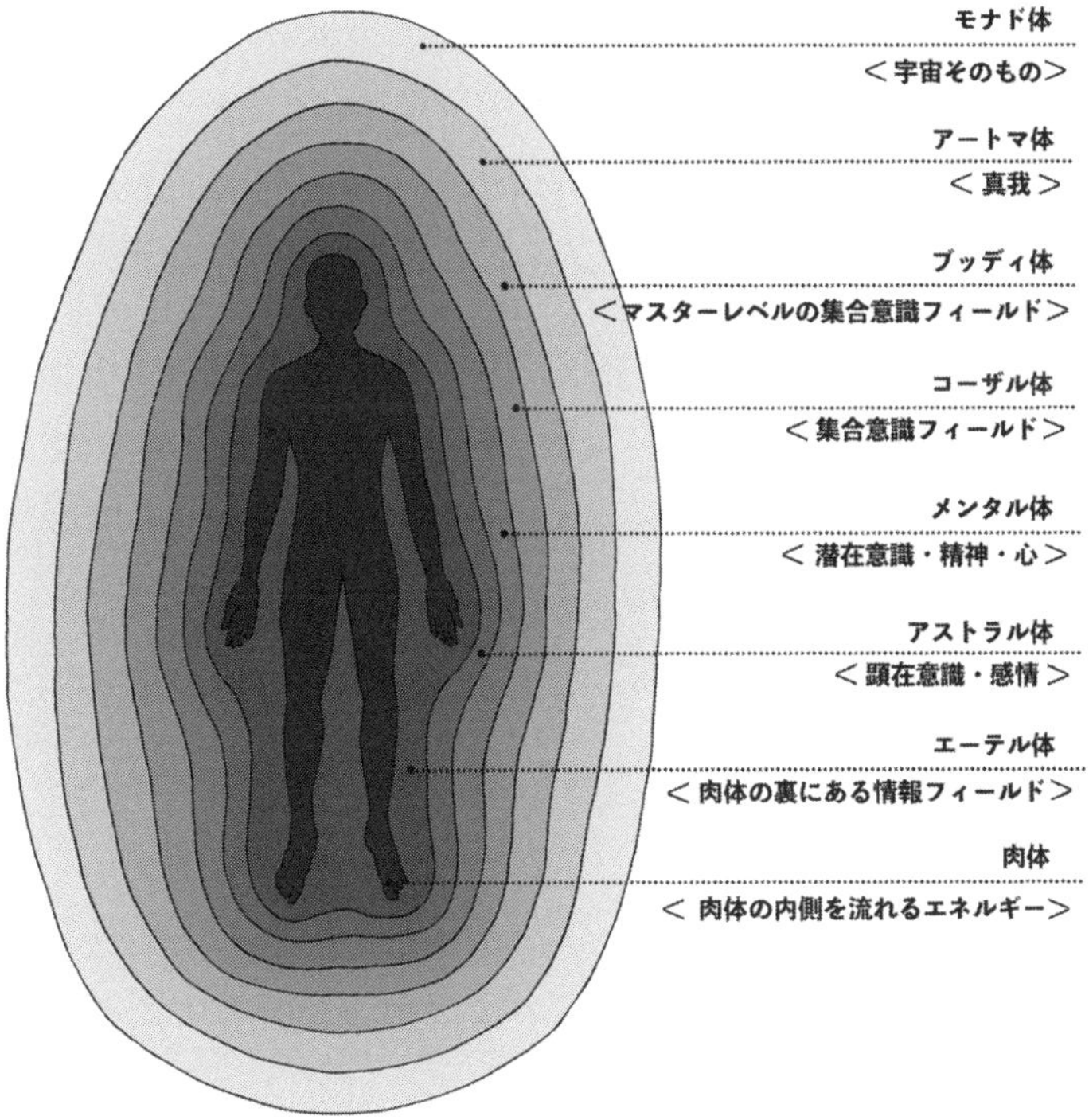
モナド体
＜宇宙そのもの＞
アートマ体
＜真我＞
ブッディ体
＜マスターレベルの集合意識フィールド＞
コーザル体
＜集合意識フィールド＞
メンタル体
＜潜在意識・精神・心＞
アストラル体
＜顕在意識・感情＞
エーテル体
＜肉体の裏にある情報フィールド＞
肉体
＜肉体の内側を流れるエネルギー＞

自分から出発して全てのレベルが整っていくとき、その存在を通じてエンライトメントがこの宇宙にあらわれるのです。

にしたとき、全てのエネルギー体レベルが整ってくる。

あるいは、自分から出発して全てのレベルが整っていくとき、その存在を通じてエンライトメントがこの宇宙にあらわれるのです。

カルマとはあなたのプログラム
つらいことも楽しいことも味わう

そういう非常に広大な仕組みの中で考えれば、カルマというのは、実は自分自身がこの宇宙を味わうためにつくったフォーマットプログラムだと思うのです。

どこかでそれをつくり出したエネルギーパターンがあるわけですから、それを通じて1つの原因をつくって、その結果を刈り取るというエネルギーパターンをつくり出している。

それは実は自分自身が光明から生まれ、光明を実現し、光明に戻っていく。

光から生まれ、この世界を味わい、体験し、そしてまた光に戻っていくと言ってもいいと思います。

そのためのあなただけのプログラムなのです。

カルマもその1つです。

光から生まれ、この宇宙を味わい、そしてまた光に戻っていくというあなただけの旅路なのです。

自分がそういう旅路をしたいと選んできたわけですから、つらいことも楽しいことも、それは意識の働き方です。

つらい、楽しい、つらい、楽しいと動きながらこの世界を認識するのが意識の働きなので、体験し、事実に対して反応してつらいも楽しいも味わっていく。

そして、エンライトメント・サイバネティクスの技術を使えば、実はつらいことも自分の人生を成長、加速、光明をあらわしていく旅路になるわけですから、全て味わうことで、この宇宙の人生の旅路をしてよかったなと気づいていくということになると思うのです。

そして、それは今この瞬間にあるということです。

「なほひかへ」を使ったオールレベルクリアリングのテクニック

このように今ここで人は、肉体、エーテル体、アストラル体、メンタル体、コーザル体、ブッディ体、アートマ体、モナド体、8つのフィールドで世界とかかわっているわけです。

肉体を入れて8次元。見えない次元は7次元。

この全てのレベルにはノイズ（ネガティブなエネルギーパターン）が入っています。

この8次元のフィールド全てを自分の肉体を使って掃除するオールレベルクリアリングというテクニックがあります。

これは「なほひかへ」を使った応用編です。

今までは、そこまで教えていたんです。

そして、最新バージョンとしてさらにこれを発展させたテクニックを開発しました。

初公開！　多次元調整21（3×7＝21）

変化の激しい2020年の宇宙において、多くの生徒さんやクライアントさんを観察していく中で見えてきたことがあります。それは、先ほどからお伝えしている上、中、下の3つの丹田のバランスがカギを握っているという点ですが、肉体レベルだけではなく、エネルギー体レベルでもこの3つのバランスを整えることがとても重要だということに気がついたのです。

実はこれはどこでもまだ教えてなくて、この考え方は初めて世に出すものです。

このテクニックでは、肉体以外の7つの微細身の上丹田、中丹田、下丹田の3つのレベルを全てクリアリングしながら整えていきます。

微細身レベルにも、その人にとっての上丹田、中丹田、下丹田があるわけです。

つまり、3×7＝21で見えない領域を整える。

21は非常にマジカルな数字で、3はクリエーションの波動です。

ネガティブエネルギーは必ずあるので、それを認めてかへっていくわけです。

3×7＝21の情報のネガティブなエネルギーをポジティブに反転させる。

集合意識的な宇宙そのもののレベルのネガティブエネルギーでさえ、その人を通じてポジティブエネルギーに反転させる。

これこそ、その人がエンライトメントを生きるとき、全ての宇宙にポジティブな影響を与えることができるという理屈なのです。

これは世界初です。

上中下丹田多次元調整の技術は、「多次元調整21（トゥエンティーワン）」と名付けました。

今回初めてお話しします。誰にも教えていません。奥義に近いです。

これは結構おもしろいと思います。

やってマイナスはない。

やって効果が出れば、宇宙のネガティブなエネルギーを自分が受け取るのですから、宇宙に最大貢献をしていきます。

「そんなの宇宙の責任で俺の責任じゃない」ではなくて、「私が見ている世界なので

上中下丹田多次元調整の技術は、
「多次元調整21（トゥエンティーワン）」と名付けました。
今回初めてお話しします。
誰にも教えてません。奥義に近いです。

私の責任です。受け入れます。かへかへかへかへ」とやるのです。

まず肉体があります。

次に、「私のエーテル体レベルの上丹田のネガティブエネルギーを全て受け入れます」と言ってかへるのです。

次にアストラル体、次にメンタル体……というふうに、それを21回やる。

受け入れてかへると、ポジティブに変わっていきます。

光一さんとカへってみました！
神楽坂スピ子
こんにちは身体の30％が脂肪70％は悩みでできてる神楽坂スピ子です
今日は光一さんとスピってきましたよ
ご存じエグゼクティブ系エネルギーワーカーの光一さん
どもー光一です
営業30年やってまいた
そ
ラッパ？
スピ子さんはイヤな感情が出る記憶や体験はありますか？
キリッ
テレビで見るゴミ屋敷のゴミくらいあります
ネガエネルギーたくさんあるスピ子さんは財産持ちですね！
ほめられてんのディスられてんの
いいですね！ネガティブなエネルギーをポジティブなエネルギーに変える技術をボクは“なほひかへ”と名付けてるんです
直霊《なほひ》の力で変換するカへね

ではなほひ
かへをやって
みましょう
最初に
手を合わせて
我、大いなる
光とひとつなりと
3回言います
われおーいなる
ひかりとひとつなり
われおーいなる
ひかりとひとつ
なりわれおーいなる
ひかりとひとつ
なり
次に手を
こうします
左が上向き
右が下向きね
右
左
こう
そのイヤな感情の
ひとつをできれば
口に出して左手に
言葉を乗せる
イメージで吐き出し
てください
イヤな
感情…
どれにしようかな…
ごほっ
ごほっ
お
いいですね
咳は感情を
出そうとする
反応ですよ
その
イヤな感情は
10段階のうち
何段階ですか？
うーん
9かな？
不安だよ〜
悲しいよ〜
こわいよ〜
つらいよ〜
さみしいよ〜
ムカつくよ〜
おっけー
では左手に
想いのタケを
お願いします
では…
すっ

A社の担当編集 B社の担当編集 C社の担当編集 今までの非人道的扱い ぜってー忘れねーかんな てめーらの名前デスノートに100回書いてっからな良い死に方できると思うなよハゲろハゲろハゲろハゲ
呪
おおお お手本のような 罵詈雑言
左手と右手の感覚違いませんか？
はあ はあ
たしかに… 左は熱くてしびれる感じが…
気持ちを吐き出したら右手を左手の後ろに添えて
親指を立てます
そして手を振りながら
カヘカヘカヘカヘ 変換変換変換 カヘカヘカヘ…
しゃかしゃか
カヘカヘカヘ 変換変換 変換
出てきてますねー ネガエネルギーが
気が済むまでカヘったら手をこうして
左手の親指が上
かるく指と交差
ありがとうございます ありがとうございます ありがとうございます
と3回言います
ありがと〜ございます ありがと〜ございます ありがと〜ございます

同じ感情を思い出して今は10段階中何段階ですか？
あれ？5くらいかも
なんか胸がスッキリしたような…
スピ子さん顔が変わりましたよ
えっ
ほんとですか⁉
周りはわかるんですよ 潜在意識が変わると見た目も変わりますから
潜在意識と身体はつながってますからね
潜在意識
身体
潜在意識が変わるの⁉
感情出してカへるだけで⁉
簡単すぎて不安!!
ネガな感情は自分がシフトしていくチャンスですよ
よっしゃこいやあ!! と
ネガこいやあ! と
あ プロレスは新日派ですか

逆に ネガ感情を 隠すとそこに とどまっちゃう から現実も 変わりません
見たくないからフタ
なるほどー 長年フタをしてる 感情なんかは 気づけないかもです ね
メガネなんかかけたことないもんね
メガネキライだから
いかに隠された 感情に気づく かがポイント ですね〜
いえずっと前からかけてますけど…
このなほひかへを 応用した 多次元調整21 （トゥエンティーワン） という 新しい技術も 作ったんです。
初公開
たじげん ちょーせー トゥエンティ …
実は我々の体身は 7つの層になって いると言われています
おおお こんなに！
モナド体
アートマ体
ブッディ体
コーザル体
メンタル体
アストラル体
エーテル体
肉体
マトリョーシカみたい…
さっきの なほひかへは 肉体レベルで 感じていることを 扱いますが
この7つの 見えない体身を 掃除（クリアリング） する技術が 多次元調整21です

なほひかへが日常の掃除なら
多次元調整は年末の大そうじ的な
床下も
屋根裏も
見えないところもキレイにしたら最強でしょ
この7つのレベルを上丹田中丹田下丹田の3パターンでカへります
7 × 3
上丹田
中丹田
下丹田
エーテル体
アストラル体
メンタル体
コーザル体
ブッディ体
アートマ体
モナド体
全部で21回
だから多次元調整
21（トゥエンティーワン）
こんなに掃除したら自分が消えてなくなったりして…
今度は特定の感情でなく今この状態にある全てのネガエネルギーを受け入れるんです
ここがポイント
受け入れてから変換していくんです
スピ子さんはさっき肉体レベルはカへったのでこのまま続けていきますよ
まずはエーテルレベルの上丹田の全てのネガティブエネルギーを受け入れポジティブエネルギーに変換します
エーテル体
上丹田
カへカへカへ
変換変換
変換カへカへ…
カへカへ
カへカへ…
次はエーテルレベルの中丹田の全てのネガティブエネルギーを受け入れます
カへカへカへ
変換変換
変換カへカへ
エーテル体
中丹田
カへカへ
カへカへ
変換変換…
全員
死ぬほど
咳込む

どうですか かなりスッキリ しませんか？
なんか もうろう とします …
そうです その状態が エンライト “空《くう》”です
もうろう としながら 見えてる 現実はクリア になってると 思いますよ
たしかに 感覚に濁り がなくなった ような…
受け入れて 変換する
カンタン でしょ
汗かいて 苦労して 時間かけ なくていい のか〜
今までの 苦労は なんだったの
罠なん ですよ 難しく考え させるのは
カンタンにできて何が悪いん ですかって 話
でもシンプルな ことが一番 難しいのかも しれない…
メガネ なんか かけてないもん!!
認めたく ないんだね
と思う スピジプシーの スピ子で ありました
ネガティブ エネルギーは パラレる チャンス!!
ぎゃー うんこ ふんじゃった !
さいあく!!
こんなときこそ カヘを思い 出そう!!

実践！　多次元調整21

この世界との接点である肉体レベルのクリーニングからはじめていきます。

続いて、7つのエネルギー体の上丹田、中丹田、下丹田（3×7＝21レベル）でクリーニングし各エネルギー体のバランスを整えていきます。

基本セッティング

A．合掌してアファメーションを行う。

「我大いなる光と一つなり」×3回

B．左手を上向き、右手を下向きにする受容のポーズをとる。

C．最初に肉体を整えます。（肉体は一度だけかへります）

★

「私の肉体レベルのネガティブを全て受け入れます」と言って、

左手にネガティブを出し切り、

左手に右手を添えて親指を立てたかへポーズをとったら、

「変換変換変換・かへかへかへかへ」

（★184P「なほひかへ」手順①〜⑥参照）

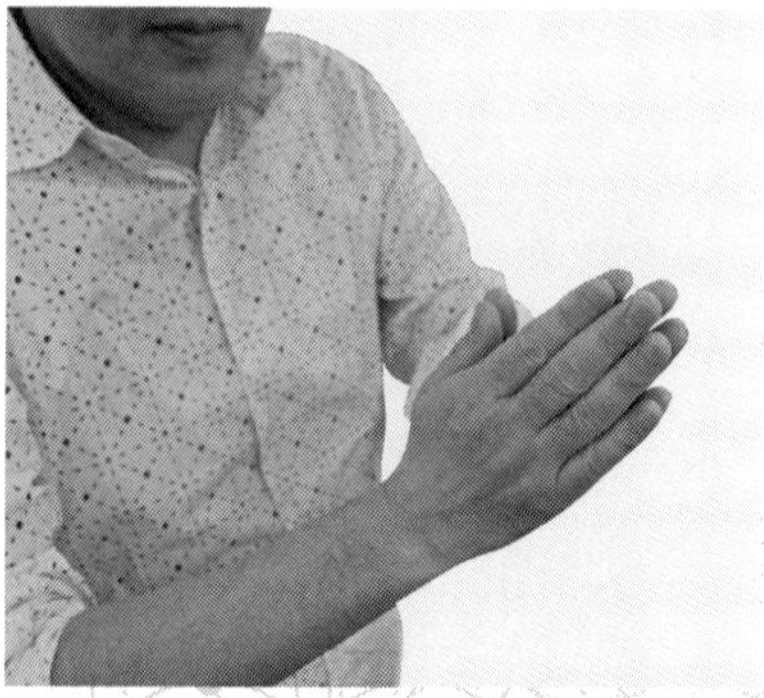

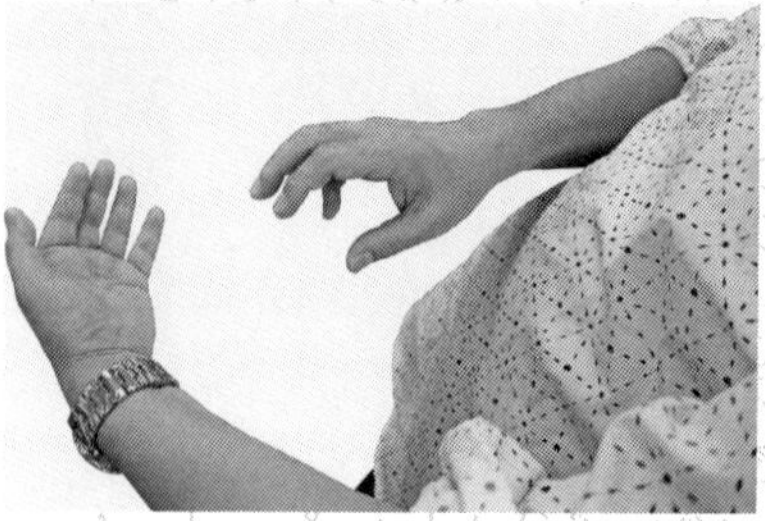

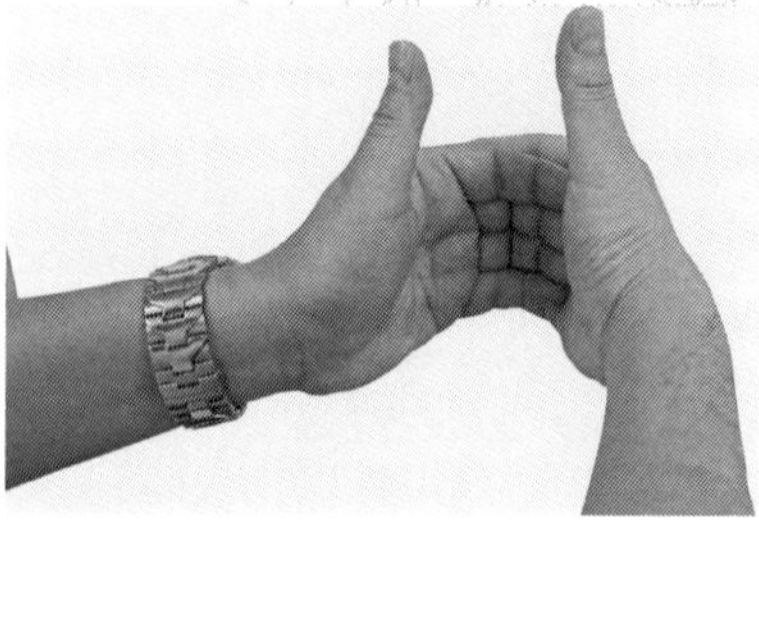

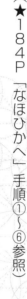

3×7＝21レベルのクリアリング開始

1.「エーテル体レベルの上丹田の全てのネガティブエネルギーを受け入れます」

★かへかへかへ

2.「エーテル体レベルの中丹田の全てのネガティブエネルギーを受け入れます」

★かへかへかへ

3.「エーテル体レベルの下丹田の全てのネガティブエネルギーを受け入れます」

★かへかへかへ

4.「アストラル体レベルの上丹田の全てのネガティブエネルギーを受け入れます」

★かへかへかへ

5.「アストラル体レベルの中丹田の全てのネガティブエネルギーを受け入れます」

★かへかへかへ

6.「アストラル体レベルの下丹田の全てのネガティブエネルギーを受け入れます」

★かへかへかへ

7.「メンタル体レベルの上丹田の全てのネガティブエネルギーを受け入れます」

★かへかへかへ

8.「メンタル体レベルの中丹田の全てのネガティブエネルギーを受け入れます」

★かへかへかへ

9.「メンタル体レベルの下丹田の全てのネガティブエネルギーを受け入れます」

★かへかへかへ

10.「コーザル体レベルの上丹田の全てのネガティブエネルギーを受け入れます」

★かへかへかへ

11.「コーザル体レベルの中丹田の全てのネガティブエネルギーを受け入れます」

★かへかへかへ

12.「コーザル体レベルの下丹田の全てのネガティブエネルギーを受け入れます」

★かへかへかへ

13.「ブッディ体レベルの上丹田の全てのネガ

ティブエネルギーを受け入れます」

★かへかへかへ

14.「ブッディ体レベルの中丹田の全てのネガティブエネルギーを受け入れます」

★かへかへかへ

15.「ブッディ体レベルの下丹田の全てのネガティブエネルギーを受け入れます」

★かへかへかへ

16.「アートマ体レベルの上丹田の全てのネガティブエネルギーを受け入れます」

★かへかへかへ

17.「アートマ体レベルの中丹田の全てのネガティブエネルギーを受け入れます」

★かへかへかへ

18.「アートマ体レベルの下丹田の全てのネガティブエネルギーを受け入れます」

★かへかへかへ

19.「モナド体レベルの上丹田の全てのネガティブエネルギーを受け入れます」

★かへかへかへ

20.「モナド体レベルの中丹田の全てのネガティブエネルギーを受け入れます」

★かへかへかへ

21.「モナド体レベルの下丹田の全てのネガティブエネルギーを受け入れます」

★かへかへかへ

終了の儀式

■手印を結んで「ありがとうございます」×3回

おわりに

最後までお読みいただきましてありがとうございます。

既存の価値観が崩れゆく今は、さまざまな情報が錯乱錯綜していて、何に頼っていいのかわからない時代だと思います。

今回の本で私は、よりどころを自分自身に求めてほしいということを一貫してお伝えいたしました。

自分の中に確固たる輝き、光があることを知って、光をどんどん育て、きっちりと構築し、そこをよりどころに生きていく。これが最もブレない生き方だと思います。

「自分は誰か」と問えば、誰もが日常の中で目覚めていくことができる時代です。

既に悟っているという状態を自分自身の中にダウンロードして生きていく、ということができれば、この世界により深く貢献していけるんじゃないかという考え方で、自分自身の覚醒、悟りを生きていくためのテクニックをご提案させていただきました。

本書の出版を快諾してくださったヒカルランド石井健資社長に心よりお礼を申し上げます。また、すばらしい漫画で盛り上げてくれた神楽坂スピ子さん、編集の小塙友加さんのご尽力に感謝いたします。

私のワークショップやスクールにご参加いただき、自身のエネルギーを整え、私と共に宇宙の貢献者として今を生きる仲間のみなさん、いつもありがとうございます。

そして私からは、この本を手に取ってくださった読者のみなさまに、本来の自分に目覚め生きることをサポートするエネルギーをお送りします。

楽しみながらテクニックをやっていただいて、自分自身の命をより輝かせ、内なる光に覚醒しながら生きている人が増えていけば、この世界がまさに光の世界になっていくと思います。

ぜひ一緒に光の世界（並行宇宙）へとパラレルジャンプして、喜びの瞬間を体で味わい尽くしていきましょう。

ありがとうございます。

光一

本書には光一氏によって、
エンライトメントを生きることをサポートするエネルギーが注入されています。

光一　こういち
これまでに数多くの「スピリチュアルワーク」を習得。タロット、易経、心理学、量子論など、10代のころから探究心の赴くまま深く広く学びとった引き出しの多さは圧巻。その集大成として、内なる神性「直霊（なほひ）」とつながる「なほひあいシリーズ」など、独自のエネルギーメソッドを次々と開発している。
その類まれなるリーディング力と、瞬時にエネルギーを書き換えるセッションが口コミで広がり、サラリーマン時代に趣味で行っていた個人セッションには、全国各地から問い合わせが殺到。人生のモットーは「いつも笑いながら、明るく、楽しく」。現実世界に活かせないスピリチュアルは意味がないとして、誰もが自分で自分を整えるために使えるセルフテクニックを広めるために、精力的に活動中。著書に『ディヴァインコード・アクティベーション』『きめればすべてうまくいく～あなたにもできる神性エネルギー活用法』（ともにナチュラルスピリット）、『祝福人生創造ブック』（ビオ・マガジン）、『超越易経 nahohiharu』『エネルギー経営術』『パラレッタ！』（ともにヒカルランド）などがある。
光一公式 HP：nahohi.info

エンライトメント・サイバネティクス
いきなりゴール！　超強運へのパラレルJUMP

第一刷　2020年11月30日

著者　光一

発行人　石井健資

発行所　株式会社ヒカルランド
〒162-0821　東京都新宿区津久戸町3-11　TH1ビル6F
電話　03-6265-0852　ファックス　03-6265-0853
http://www.hikaruland.co.jp　info@hikaruland.co.jp

振替　00180-8-496587

本文・カバー・製本　中央精版印刷株式会社

DTP　株式会社キャップス

編集担当　小塙友加

ISBN978-4-86471-937-7

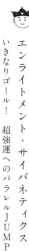

神楽坂♥《ハート》散歩
ヒカルランドパーク

エネルギーマスター光一プレゼンツ！
2021年新春大盤振る舞い企画！
光に目覚めて生きる！　多次元調整21

講師：光一

2021年は、外側の情報に巻き込まれて生きるのではなく、自分の内側の光をよりどころとし、自分軸で生きることが大変重要な年。今こそ、『エンライトメント・サイバネティクス』発動です。出版を記念して開催するこのワークショップでは、光一さんと一緒にエンライトメントを生きるゴール設定を完了させていきます。テクニックはもちろん初公開となる「多次元調整21」!!
大勢のグループで行う初実践の場となります。光一さんの真骨頂、瞬時のエネルギーリーディングとエネルギーパターン書き換えダウンロードも合わせ、グループエネルギーがダイナミックに、多次元的に動きまくります。2021年に21レベルの多次元調整を行う、超マジカルな会になりそうな予感満載！新年に、内なる光に目覚めて生きている状態をあらかじめエネルギーレベルでセットして覚醒があらわれていく瞬間を驚きと喜びで迎え入れましょう。

【エネルギーマスター光一プレゼンツ！　2021年新春大盤振る舞い企画！
光に目覚めて生きる！　多次元調整21】

日時：2021年1月10日（日）　開場 13：00　開演 13：30　終了 16：30
料金：30,000円（税込）　　会場：ヒカルランドパークセミナールーム

ヒカルランドパーク
JR 飯田橋駅東口または地下鉄 B1出口（徒歩10分弱）
住所：東京都新宿区津久戸町3－11 飯田橋 TH1ビル 7F
電話：03－5225－2671（平日10時－17時）
メール：info@hikarulandpark.jp
URL：http://hikarulandpark.jp/
Twitter アカウント：@hikarulandpark
ホームページからも予約＆購入できます。

詳細＆お申し込みは
こちら

光一さん IN 神楽坂ヒカルランドみらくる
満足度200%のセッション展開中です。

◆パラレルワールド瞬間移動セッション

エグゼクティブ個人セッション＆経営者セッションは深い領域のエネルギーを瞬時にリーディングして解放していく濃厚な時間です。

●エグゼクティブ（個人、経営者）セッション　個人30分、経営者60分

「パラレルワールド瞬間移動セッション」

日時：2020年12月16日（水）、2021年１月21日（木）、２月17日（水）、
３月16日（火）、４月20日（火）、５月18日（火）、６月22日（火）

※月１回程度不定期開催　以降の日程はお問合せ下さい

13：30〜14：30　エグゼクティブ（経営者）セッション

15：00〜15：30　エグゼクティブ（個人）セッション

15：55〜16：25　〃

16：50〜17：20　〃

17：45〜18：15　〃

（個人セッションが４枠になりました）

参加費：エグゼクティブ（個人）セッション　30分　12万円
エグゼクティブ（経営者）セッション　60分　48万円

※価格、日時等は予告なく変更する場合があります。

◆ライフプログラムダウンロードサポート
〜人生のプログラムは、自分でデザインできる!!〜

あなたの人生には、どんなプログラムがされているか知っていますか？
不要な信念をまだ握りしめていませんか？
実はそのプログラム、自分でデザインできるんです！
エネルギーマスター光一さんが、みなさん共通のプログラムを見て
最適なテーマをダウンロードします！

ライフプログラムダウンロードサポート

日時：2020年12月15日（火）、2021年１月20日（水）、
２月16日（火）、３月17日（水）、４月21日（水）、
５月19日（水）、６月23日（水）
19：00〜20：00

※月１回程度不定期開催 以降の日程はお問合せ下さい。

参加費：４万円　　会場：イッテル珈琲（神楽坂）

【お申込み＆お問合せ先】神楽坂ヒカルランドみらくる

自分の潜在意識が変われば、あなたの生きているパラレルがシフトする。すると周りの環境が変化していくというのです。
今回のセルフデザイン科では、光一さんが開発してきたテクニックを自分で自分に使うことで、あらゆる場面で自らを整えていくことができるようがっつり習得していただきます。
また本スクールではテクニックの解説にとどまらず、おひとりおひとりが自分の人生を取り戻し、望む在り方を自らデザインできるようになっていただくための理論、実践を含め、在り方そのものが変容していくトータルプログラムを提供いたします。

〈概要〉
スクール期間：3か月全6回
・本講座…各回　13：00〜18：00
　2021年5月15日(土)、5月16日(日)、6月12日(土)、6月13日(日)、7月10日(土)、7月11日(日)
・スクール期間中、ワーク実践課題あり。
・光一氏によるリーディングと気づきを促すエネルギー調整付き
・グループ意識活用のためのグループワーク
受講料：369,000円　　定員：20名
場所：ヒカルランドパーク

〈内容〉
1st ステージ「自分を知る」
　あなたは誰か。投影の法則、陰陽の法則。身口意メソッド。
　筋肉反射テスト設定、光一氏によるリーディングとエネルギーダウンロード
　観察力ワーク、実践「なほひゆい」「なほひかへ」

2nd ステージ「刷り込みの BOX から出る」
　自己認識の扉を開ける質問力、セルフメンター設定、
　エネルギーパターン書き換え（信念体系書き換え）
　実践「なほひふり」「なほひはる」「なほひゆら」

3rd ステージ「調和をデザインする」
　横系エネルギーバランス法（未来から今を創る）
　縦系エネルギーの浄化方法（家系エネルギー）
　瞬間パラレルジャンプによるセルフデザイン実習
　実践「なほひテクニックの合わせ技」

〈こんな方におススメ〉
●エネルギーワーカー志望　●セラピスト、ヒーラー　●経営者　●自分の中に革新を起こしたい方　●子育て中の方　●自分軸で人生をデザインしたい方　●エンパス体質の方　●シンプルに生きたい方　●クリエイター　●人生をとことん楽しみたい方　●執着を手放し自然体で喜びをばらまきたい方

【お問い合わせ先】ヒカルランドパーク

2021年5月開講！

光一さんから学ぶ本気のスクール、第４期始まります。

陰陽統合エネルギースクール　セルフデザイン科

講師：光一

陰陽エネルギーの扱い方を学ぶ。生き方が変わる濃厚３か月全６回コース。陰陽統合エネルギースクール、待望の第４期が募集開始です！　講師は、一度会ったら誰もがファンになるエネルギーワーカー光一さん！


「クレーム電話を受けた後に、自分自身にあのテクニックを試したら、直後に相手から謝りの電話がかかってきてビックリしました」

「喧嘩するおじさん、遠くで泣き出す赤ちゃん……。イライラ MAX の電車内でネガティブエネルギーをポジティブに変換したら、次の瞬間、おじさんは移動し、赤ちゃんは泣きやみました。次元が変わったのがわかりました。」


などなど、実践者からの驚きのエピソードが届く、エネルギーワーカー光一メソッド。

「誰もが人生を創造しているが、デザインをしていない」

と、エネルギーワーカー光一さんは語ります。

人生をデザインする、とはどういうことでしょうか。


～光一氏より～


ネガティブな事象が外側で起こった時、それはチャンスです。自分の中にある信念や思い込みを見つけるチャンスとしてとらえることができれば、後は陰陽統合のテクニックを使ってエネルギーを適切に扱えばいいだけです。そうすれば、誰でも、さらに拡大した世界へとシフトアップすることが可能となります。

それは、自分とは誰か。という大いなる問いから始まります。

このスクールでは、自らの人生を他人や集合意識からの刷り込みによって動かされている生き方から、あなた好みの生きたい人生へとシフトするために有効な考え方、視点、ワーク、そしてテクニックをお伝えしていきます。今私たちは自分を喜ばし自分自身を成長させることこそ大切となる時を生きています。すべてはエネルギーです。宇宙は陰陽でできています。そのことを真に理解した時、あなたはこの宇宙の法則に振り回される人生から、宇宙の法則を使う使い手としての生き方を歩み始めることになります。


あなたの一歩を私の経験と知識とリーディングを総動員してバックアップいたします。

あなたがあなた自身の最大の理解者として、最高のマネジャーとして、そして最も信頼できるディレクターとして、寄り添い生きる道です。

このスクールは３か月全６回コースです。私はクラス生のグループ意識を最大活用し、参加者おひとりおひとりにグループ意識が貢献していくように仕組みます。ですので、単発のワークショップを６回受けるのとは次元が違う濃度の内容となるでしょう。自分が整えば、世界は整う。この意味が、スクール修了には実感を伴って腑に落ちていることでしょう。

さあ、私と一緒に「ネガティブはチャンス」と笑顔で招き入れることができる存在として、神性を生きる者として、新しい地球を遊び尽くしていきましょう。

本といっしょに楽しむ ハピハピ♥ Goods&Life ヒカルランド

光一氏監修オリジナルグッズ MAGICAL I CHING CARDS （全73種＋超活用手引き入り）

易経エネルギーの使い手へ！
望む世界へパラレルジャンプ!!

MAGICAL I CHING CARDS
■ 3,666円（税込）
●サイズ：H87㎜×W56㎜
●全73種＋超活用手引き入り

本カードは、陰陽エネルギーの使い手として易のシンボルを活用するために開発されたカードです。太極図＋八卦（９枚）に、六十四卦が加わった計73枚。

光一氏オリジナルテクニック「なほひはる」「なほひふり」を楽しく素早く行っていただけます。

さらに!! ヒカルランドから購入の方は、もう一枚、スペシャルカードがもれなくもらえます!!
光一さんも「すごすぎるでしょ」とうなる

ゼロ磁場発生カード

欲しい方はヒカルランドパークHPからご購入ください。

※神楽坂ヒカルランドみらくるでも特典付でお取り扱いしております。

ヒカルランドパーク取扱い商品に関するお問い合わせ等は
メール：info@hikarulandpark.jp URL：http://www.hikaruland.co.jp/
03-5225-2671（平日10-17時）

ヒカルランド　好評既刊！

地上の星☆ヒカルランド　銀河より届く愛と叡智の宅配便

パラレッタ！
著者：光一
四六ソフト　本体2,000円+税

「パラレッタ！」とは、瞬時にパラレルワールドに移行し、一人ひとりがアセンション（次元上昇）していくことです。
今は、自分自身が整うと、瞬時に、より広い世界にパラレっていける時代です。願い事が時間をかけずに叶っていきます。普通では考えられないような、不思議な出来事も起こります。本書は、よりよりパラレルワールドに移行するための、いわば、チケット。さあ、「パラレッタ！」の考え方をしっかり体に染み込ませ、新しい世界に出発しましょう！

エネルギーをポジティブに変換する！
「パラレッタ！」ソング＆ダンス

『パラレッタ！』の刊行に合わせ、
オリジナルソング「パラレッタ！」と、
それに合わせたダンスをリリースしました。
以下のウェブサイトで視聴できます。
聴くだけでよい人生にパラレる、
歌って、踊れば、ますますよい人生に
パラレっていきます！（光一）

こちらから
簡単にアクセス！

【ホームページアドレス】
https://youtu.be/JCqs0GQr1TE

携帯アプリを使う

携帯電話のアプリでラジオを聴く方法

①iOS（iPhoneなど）は左のQRコード、アンドロイド携帯は右のQRコードからVoicy専用アプリにアクセスします

App Store からダウンロード　iOS

Google Play で手に入れよう　Android

②「Voicy」アプリをダウンロード（インストール）します

③「イッテルラジオ」で検索すると番組が出てきます
フォローすると更新情報が表示されて視聴しやすくなります

フォローしてくれると
石井社長が
泣いてよろこぶよ

検索バーで
「イッテルラジオ」
を探してみてね

リスナーさんからのコメントや質問も大歓迎! 毎朝8:00に「イッテルラジオ」でお会いしましょう♪

ヒカルランド YouTubeチャンネル

YouTube

ヒカルランドでは YouTube を通じて、新刊書籍のご紹介を中心に、セミナーや一押しグッズの情報など、たくさんの動画を日々公開しております。著者ご本人が登場する回もありますので、ヒカルランドのセミナーになかなか足を運べない方には、素顔が覗ける貴重なチャンスです！ぜひチャンネル登録して、パソコンやスマホでヒカルランドから発信する耳よりな情報をいち早くチェックしてくださいね♪

続々と配信中!!

新刊情報

グッズ情報

著者からメッセージも!

ヒカルランド YouTube チャンネルはコチラ！

https://www.youtube.com/user/kshcoidhasohf/featured